조선
잡사

朝 鮮

조선
잡사

강문종
김동건
장유승
홍현성

雜 史

JOB

'사농' 말고 '공상'으로 보는 조선 시대 직업의 모든 것

민음사

『조선잡사』를 펴내며

이 책의 주제는 조선의 직업이다. 예순일곱 가지 직업을 가려 뽑아 하는 일과 관련 일화를 정리했다. 『조선잡사』는 '잡(job)'의 역사이며, '잡(雜)'스러운 역사이기도 하다. 갖가지 직업이 복잡하게 섞여 있는 이 책에 어울리는 제목이다. '아재 개그'라 해도 할 말은 없다. 이만큼 이 책의 성격을 잘 알려 주는 제목을 찾지 못했다. 문명, 국가, 민족과 같은 거대 담론이 지배하는 역사 연구에서 직업의 역사는 여전히 잡스러운 역사인 탓이기도 하다.

이 책에서 소개할 직업을 고른 기준은 세 가지다. 첫째, 조선 사람의 삶을 이해하는 데 요긴한 직업. 둘째, 현대 독자에게 덜 알려진 직업. 셋째, 하는 일이 흥미로운 직업이다. 농부나 관리처럼 모르는 사람이 없는 직업은 제외했다. 영화와 드라마로 널리 알려진 의원, 기녀, 의녀, 다모, 화원 역시 제외했다. 그 대신 뜀박질로 공문을 전달한 보장사, 연고 없는 시체를 묻어 준 매골승, 연회를 기획한 조방꾼, 송사를 맡아 처리한 외지부 등 낯선 직업들로 채웠다. 어둠의 직업에 속하는 짝퉁 장수 안화상, 소매치기 표낭도, 위폐범 도주자, 군역을 대신하는 대립군도 넣었다.

이색적인 직업만 소개하려는 의도는 아니다. 조선 사람들이 어떤 일을 해서 생계를 유지했으며, 그러한 직업이 등장하게 된 사회, 문화적 배경이 무엇인지를 종합적으로 살피고자 했다. 이로써 시장, 뒷골목, 술집, 때로는 국경과 바닷속을 누비던 조선 사람들의 다채로운 모습을 독자 스스로 그려 볼 수 있게 하자는 생각이었다. 일상을 책임진 나뭇꾼, 똥장수, 채소장수를 빼놓지 않고 살핀 까닭이다.

이 책의 출발은 고전을 연구하는 선후배의 의기투합이었다. 연구자들만 읽는 논문이 아니라 쉽고 흥미로운 교양서를 써 보자는 것이었다. 조선 시대 직업을 다루기로 의견을 모았다. 이미 다룬 책이 더러 있지만 부정확한 정보가 적지 않다. 상상에 지나치게 의존한 점도 문제였다. 조선 시대 직업의 정확한 실상을 알리고자 문헌을 뒤져 160여 개에 달하는 직업 목록을 마련했다. 하지만 글쓰기는 더디기만 했다. 연구자로서 먹고살기 위해서는 각자의 연구에 매진해야 하는 직업적 사정 때문이었다.

본격적인 계기는 《동아일보》 칼럼 연재였다. 한국학중앙연구원 홍보팀 김은양 선생님의 주선으로 《동아일보》에 매주 조선 시대 직업을 소개할 기회를 얻었다. 한참을 묵혀 놓은 목록이 글로 변하기 시작했다. 연재는 2017년 6월 6일 거울 가는 장인 '마경장'으로 시작해 2018년 9월 4일 '채소장수'를 끝으로 막을 내렸다. 지면의 제약으로 못다 한 이야기가 많아 아쉬웠다. 연재한 글을 손보고 몇 가지 직업을 보태서 최종적으로 예순일곱 가지 직업을 책에 수록했다.

이 책은 일곱 장으로 구성되어 있다. 애당초 직군(職群)을 염두에 두지 않았으므로 각 장의 유기적 연계는 부족하다. 그래도 두서없이 나열하는 것보다 비슷한 성격의 직업끼리 묶어야 읽기 편하므로 일곱 가지로 분류했다.

'일하는 여성들'을 맨 앞에 놓았다. 조선 시대에 여성이 종사한 직업은 찾기 쉽지 않다. 그런데도 애써 찾아 앞머리에 안배한 이유가 있다. 조선 여성은 집안일만 했을 것이라는 선입견을 조금이나마 바로잡고자 하는 바람이었다. 자료가 부족해 미처 다루지 못한 직업이 많아 아쉬울 뿐이다.

2부 '극한 직업'은 험한 일을 하는 직업을 모았다. 조선판 3D 업종이다. 3부 '예술의 세계'는 연예 관련 직업, 4부 '기술자들'은 물건을 만들거나 고치는 장인(匠人)을 모았다. 5부 '불법과 합법 사이'에는 변명의 여지 없는 범죄도 있고, 암암리에 용인된 직업도 있다. 6부 '조선의 전문직'은 전문적인 기술이 필요한 특수 분야의 직업 그리고 지식인의 직업이다. 7부 '사농공상'은 상업 및 유통 관련 직업이다.

이 책은 순서대로 읽어도 상관없고 손 가는 대로 펴 봐도 무방하다. 독자 나름대로 나누고 묶거나, 임의로 여러 직업을 뽑아 하나의 이야기로 엮는 것도 재미있는 독법이 될 것이다.

조선 사람의 삶이 궁금한 일반 독자, 역사를 가르치는 교사, 조선 시대를 배경으로 한 콘텐츠를 만드는 문화업계 종사자 모두에게 유용할 것이다. 이 책에 실려 있는 직업 중에는 이제 존재하지 않는 것도 있고, 거의 똑같은 형태로 남아 있는 것도 있다. 직업의 탄생과 소멸, 변화를 살핌으로써 미래의 직업을 전망할 수 있다면 더욱 좋겠다. 가능한 한 많은 사람에게 쓸모 있는 책을 만들고자 최대한 쉽게 쓰고 각종 도판을 실었다. 동료 연구자에게도 보탬이 되고자 근거로 삼은 문헌은 빠짐없이 미주로 밝혔다.

책이 나오기까지 많은 분들의 도움을 받았다. 고(故) 김은양 선생님에게 먼저 감사드린다. 암 투병의 와중에도 필자들을 독려해 차질 없이 연재를 진행했다. 끝내 유명을 달리하셨지만 그 투철한 직업 정신이 아니었다면 이 책은 세상에 나오지 못했다. 어려운 출판 환경에서 출간을 결정한 민음사에도 감사드린다. 책을 펴내는 직업을 소명으로 삼는 사람들의 존재는 연구자들에게 큰 힘이 된다.

이 책을 준비하는 동안 필자들의 '직(職)'은 한두 차례 바뀌었다. 그러나 '업(業)'은 그대로였다. 고전을 공부하고, 공부한 것을 글쓰기로 알리는 '업'은 앞으로도 줄곧 변함없을 것이다. 어렵고 험난한 '업'을 이어가는 모든 직업인에게 위로와 격려를 전하고 싶다.

2020년 가을
저자 일동

차례

일러두기

1 맞춤법과 띄어쓰기는 한글 맞춤법과 외래어 표기법을 따랐다.

2 본문에 사용된 문장 부호는 다음과 같다.

　『 』: 전집이나 총서, 단행본.

　「 」: 단행본에 수록된 개별 작품이나 논문, 기사.

　《 》: 신문, 잡지 등 정기 간행물.

3 글마다 누가 작성했는지를 저자 네 사람의 성을 따서 끝에 표시해 두었다.

4 문헌 출처는 권말에 미주로 두었다.

1부

일하는 여성들

조선은 여성과 남성의 구분이 엄격한 사회였다. 남녀가 서로의 영역을 침범할 수 없었으므로 성별 직업 분리 현상이 나타났다. 남성 중심의 사회에서 여성의 사회 활동에는 많은 제약이 따랐지만, 남성이 절대 진입할 수 없는 여성만의 영역도 존재했다. 여성을 직접 상대하는 직업이나 여성이 사용하는 물건을 취급하는 직업이다. 남녀의 영역을 넘나드는 직업 역시 여성의 차지였다. 남성은 여성의 영역에 진입할 수 없지만, 여성이 남성의 영역에 들어오는 데는 관대한 편이었다. 중년 이후의 여성이 무성의 존재로 간주된 것도 여성이 남녀의 영역을 넘나들 수 있는 이유다.

남녀 옷을 모두 만질 수 있었던 여성의 일인 삯바느질에서 수모, 염모, 방직기, 매분구까지, 한양 시장의 여인전의 채소 장수에서 제주의 잠녀까지 조선 여성의 직업은 극히 제한적이었다. 다만 남성이 진입할 수 없는 영역이 그나마 존재했기에 여성은 남성에게 의지하지 않고도 인생의 주체로서 당당히 살아갈 수 있었다.

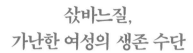

삯바느질,
가난한 여성의 생존 수단

관청의 여종이나 기생에게 바느질을 시키면 안 된다. 부득이 남의 손
을 빌려야 한다면 침비(針婢)를 부르거나 침가(針家)에 가져가서 삯을
주고 맡겨라.

― 정약용, 『목민심서』

관청 소속 여종과 기생은 본연의 업무가 있으므로 사적인 일을
시키면 안 된다. 바느질감이 있거든 '침비'나 '침가'에 맡겨야 한다. 침
비는 침선비(針線婢), 바늘과 실을 다루는 여종이다. 침모(針母)라고도
한다.

침선비는 본디 왕실의 의복을 전담하는 상의원(尙衣院) 소속 노비

다. 조선 시대 왕과 왕비의 화려한 옷은 이들이 만든 것이다. 바느질 뿐 아니라 재단, 재봉, 자수, 다리미질까지 도맡았다. 장인으로 대우하여 침선장(針線匠)이라 부르기도 했다. 부잣집은 으레 전속 침선비를 두어 의복의 제작과 관리를 맡겼다.

침선비를 따로 둘 형편이 못 되면 침가라고 하는 삯바느질집을 이용했다. 삯바느질은 가난한 양반 여성의 몫이었다. 평민 여성이라면 모를까, 아무리 생계가 어렵기로소니 양반 여성이 밖에서 남자들과 부대끼며 일하는 건 그네들의 도덕관념으로는 용납하기 어렵다. 가난한 양반 여성들은 집에서도 할 수 있는 삯바느질을 선호했다.

바느질은 당시 여성의 기본 소양이었다. 노비를 거느려 제 손으로 바느질할 필요가 없는 양반 여성들도 시집가기 전에 모두 바느질을 익혔다. 남편의 실직을 대비한 일종의 직업 훈련이다. 책 읽을 줄밖에 모르는 양반 남성들에 비하면 훨씬 유용한 기술이다. 고기도 먹어 본 사람이 맛을 아는 법, 고급 의류에 익숙한 양반 여성의 바느질 솜씨가 뛰어난 건 당연하다.

일감도 넉넉했다. 옷가게가 따로 없던 시절이다. 옷이 필요하면 직접 만들거나 누군가에게 부탁하는 수밖에 없다. 더구나 고급 의류는 전부 뜯어서 세탁해야 했으므로 빨래 한번 하면 바느질감이 수북이 쌓였다. 일자리가 필요한 여성들은 이 틈새를 파고들었다. 솜씨 좋은 사람은 '선수(善手)'로 불렸다.

삯바느질은 결코 쉬운 일이 아니다. 상당한 집중과 인내가 필요하다. 한 땀 한 땀 정성을 다하기는 이태리 장인 못지않다. 가사 노동과 병행해야 하니 잠자는 시간을 줄이는 수밖에 없다. 『북학의(北學議)』
저자 박제가(朴齊家)는 열한 살에 아버지를 잃었다. 홀로 남은 어머니
는 삯바느질로 박제가의 공부를 뒷바라지했다. 훌륭한 선생이 있다
는 소문을 들으면 돈을 아끼지 않고 모셔 왔다. 사람들은 그가 가난
한 줄도 몰랐다.[1] 어머니가 세상을 떠난 뒤 박제가는 회고했다.

"등불을 켜고 어머니를 생각하면 새벽닭이 울도록 주무시지 않고
무릎을 꿇은 채 삯바느질하시던 모습이 떠오른다."[2]

북학파의 핵심 인물로 조선 사회의 개혁안을 제시한 박제가의 성
취는 모두 삯바느질하던 어머니의 헌신 덕이었다.

바느질하는 모습(부산광역시립박물관 소장)

장애인 여성도 삯바느질 덕택에 당당한 사회인으로 살아갔다. 조수삼(趙秀三)의 「추재기이(秋齋紀異)」에는 손가락이 모두 붙어 물건을 쥘 수 없는 여성이 등장한다. 선천적 '합지증'이었던 모양이다. 다행히 발가락이 가늘고 길어서 발을 손처럼 사용했다. 밖에 나갈 때는 손에 신발을 끼우고 물구나무를 서서 걸어다녔다. 이 때문에 '거꾸로 다니는 여자(倒行女)'라는 별명이 붙었다. 그녀는 손으로도 놓기 어려운 자수를 발로 놓았다. 조수삼은 시를 지어 연민과 존경을 함께 보냈다.

거꾸로 사는 인생도 고달플 텐데,　　　顚倒人生猶作苦

등불 앞에 앉아서 자수를 놓네.　　　箕踞燈前刺繡針[3]

1970~1980년대까지만 해도 박제가의 어머니처럼 삯바느질로 자식 공부를 뒷바라지한 어머니가 드물지 않았다. 허생의 아내처럼 무능력한 남편 대신 삯바느질로 생계를 꾸리는 여성 역시 많았다. 가난한 여성치고 삯바느질 경험이 없는 사람이 없을 정도다. 삯바느질이라는 직업이 얼마나 많은 사람을 살렸는지 모른다. (장)

수모,
신부 도우미이자 주례

우리나라에서 혼인과 회갑 잔치에 쓰는 병풍, 탁자, 자리, 향촉 따위
는 관청에서 빌리고, 그 밖의 골동품은 상점에서 빌린다. 머리 장식,
가체, 비녀, 떨잠, 귀걸이, 가락지, 보배, 비단, 예복, 스란치마 등 꾸미
는 물건은 장파(粧婆)에게 빌린다. 속칭 수모(首母)라고 한다.

— 이규경, 『오주연문장전산고』

수모는 수식모(首飾母)의 준말이다. 우리말로는 머리 어멈, 지금의
헤어 디자이너다. 화장과 의상도 담당했으니 메이크업 아티스트와 스
타일리스트도 겸했다. 혼례가 있으면 신부가 입을 옷과 장신구를 빌
려주고, 예식을 원활하게 진행하는 웨딩플래너 역할도 맡았다. 수모는

조선 시대 혼례에 빠질 수 없는 존재였다.

조선 시대 한양은 동서남북중 5부(部)의 행정 구역으로 나뉘었는데 수모는 구역별로 활동했다. 가례(嘉禮, 왕실 혼례)가 있으면 한양의 수모를 전부 대궐로 불러들였다. 행사에 참석하는 여성들의 머리 손질과 화장을 맡기기 위해서였다. 궁중 여성들이 착용하는 가체(加髢)를 손질하는 일도 수모가 도맡았다. 대궐에 모인 수모들은 나무빗과 솔로 가체를 다듬은 뒤 다시 염색하고 광을 내어 새것처럼 만들었다.[4]

1759년 영조와 정순 왕후의 가례에 동원된 수모는 모두 25명이었다.[5] 1788년 정조가 가체 사용 금지령을 내리면서 한양의 수모를 한자리에 모았는데 총 33명이었다.[6] 조선 후기 한양에서 활동한 수모는 40명 정도로 추정된다.[7]

한양 부잣집은 '단골 수모'를 지정해 두고 집안 여성의 몸단장을 전담하게 했다.[8] 반면 시골은 수모를 구하기 어려웠다. 성호 이익은 "시골에서 혼례를 치르면 한양의 수모를 불러오기 어렵다."라고 했다. 수모가 한양에 몰려 있었기 때문이다. 경북 성주에 살던 이문건(李文楗)은 손녀의 혼례를 치르기 위해 청도에 사는 수모를 불러와야 했다. 청도 군수에게 협조를 요청하는 한편, 수모에게 뇌물을 주어 가며 달랜 끝에 간신히 허락을 얻어서 노비와 말을 보내 태워 왔다.[9] 상전이 따로 없다. 혼례가 있으면 수모가 갑이다.

사치 풍조가 유행하면 수모가 제재를 받았다. 1541년 사치스러운 혼례를 금지한 법령에 "신부가 청색, 홍색의 금실 두른 옷을 입으면 수모까지 죄를 묻는다."라는 조항이 있다.[10] 1788년 정조는 한양의 수모들을 모아 가체 사용을 금지하는 방침을 전달하고, 족두리를 착용하는 새로운 헤어스타일을 권장했다.[11] 그러자 가체 대신 화려한 족두리가 유행했다. 정조는 칠보족두리 따위를 빌려주는 수모는 유배형에 처한다는 조항을 추가했다.

사례는 얼마나 받았을까? 이익은 "시골의 가난한 집에서 수모를 쓰려면 비용이 몹시 많이 든다."라고 썼다.[12] 이문건은 수모가 집에 도착하자 쌀과 팥을 열 말씩 주고, 돌아갈 때는 무명 두 필을 주었다.[13] 모두 합쳐 쌀 두어 가마 값이니 적지 않은 금액이다. 수모에게 비단을 주지 못하도록 금지하는 법령이 있었던 것을 보면 비단으로 주기도 했던 모양이다.

이덕무(李德懋)의 「김신부부전(金申夫婦傳)」이라는 결혼식 기록에 이런 장면이 나온다. 신랑 신부가 맞절을 하면 수모가 합환주를 마시게 한 다음 덕담을 하며 축복한다. 수모는 신부의 도우미 역할은 물론 신랑 신부에게 조언하고 축복하는 주례 역할도 맡았던 셈이다. 전통 혼례는 주례가 없지만 굳이 찾는다면 사회자에 해당하는 집사(執事)보다 수모가 주례에 가깝다.[14]

따지고 보면 조선 시대의 주례는 여성일 수밖에 없다. 외간 남자가 새 신부를 앞에 두고 훈계한다는 것은 당시의 도덕관념으로 결코 있을 수 없는 일이다. 그러나 중년 여성인 수모가 신랑 신부에게 훈계하는 것은 아무런 문제가 되지 않는다. 남성은 여성의 영역에 발을 들여놓을 수 없지만 반대는 가능하기 때문이다. 수많은 혼례를 치르며 여러 부부를 보아 온 경험 많은 수모는 주례의 적임자였다. (장)

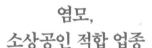

염모,
소상공인 적합 업종

염색 가격이 옛날보다 세 배나 올라 머리카락이 쭈뼛할 정도입니다.
한양에 있는 염색집은 으레 부자가 되니, 이것이야말로 오늘날 조정
에서 조처해야 할 일입니다.

— 양성지, 『눌재집』

우리나라 사람을 백의민족이라고 한다. 우리나라 사람이 삼국 시
대부터 흰옷을 즐겨 입은 것은 사실이다. 19세기 말 우리나라를 방
문한 서양 사람들은 온통 흰옷으로 뒤덮인 시장의 모습이 흡사 솜밭
같다고 했다. 어째서 흰옷을 좋아했을까? 평화를 사랑하는 민족이라
서? 그렇지 않다. 서양에서 흰색은 평화의 상징이지만 동양에서 흰색

은 전쟁의 상징이다. '평화를 사랑하는 백의민족'은 말도 안 되는 소리다.

흰색이 상징하는 것이 또 있다. 죽음이다. 흰옷은 원래 상복(喪服)이다. 조선 시대 사람들은 상복을 자주 입었다. 팔촌 이내 친척이 죽으면 상복을 입었고, 왕실에 상이 있으면 전 국민이 상복을 입어야 했다. 가난한 사람은 대부분 단벌이었다. 경조사에도 입고 평상시에도 입을 수 있는 옷은 흰옷밖에 없다. 그래서 흰옷을 자주 입었다.

나라에서는 흰옷 입는 풍습을 골치 아파했다. 평상복과 상복의 구분이 없으면 예법이 서지 않기 때문이다. 흰옷 대신 동방을 상징하는 푸른 옷을 입으라고 권장하기도 했다. 세종이 관원들에게 푸른 옷을 입으라고 했다. 관원들은 염색값이 비싸다며 다른 색깔로 바꿔 달라고 했다. 그러자 세종이 말했다.

"노란 옷은 중국에서 흉복(凶服)으로 간주하고, 빨간 옷은 여자 옷 같고, 남색 옷은 일본 옷 같으니 안 된다. 푸른 옷을 입어라."[15]

하지만 세종의 푸른 옷 입기 캠페인은 별 효과를 거두지 못했다. 비용 때문이었던 듯하다.

염색한 옷은 부의 상징이었다. 『용재총화(慵齋叢話)』에 따르면 부자들이 화려한 옷으로 사치를 부리는 바람에 염색값이 치솟았다고 한다.[16] 가격은 비쌌지만 품질은 좋았다. 우리나라 염색 기술은 일찍부터 중국에 알려졌다. 송나라 사람 왕운(王雲)의 『계림지(鷄林志)』에서 고려는 염색을 잘하는데 특히 홍색과 자색이 아름답다고 했다. 조선의 자주색 비단에 반해서 열 필 넘게 염색해 간 중국 사신도 있었다.

염료는 모두 자연에서 얻었다. 자주색은 지초(芝草, 지치), 붉은색은 홍화(紅花, 잇꽃)와 오미자, 노란색은 괴화(槐花, 회화나무 꽃)와 치자, 푸른색은 쪽풀과 이끼를 사용했다. 여기에 매실, 명반, 잿물 따위를 적절히 섞어 넣었다. 염색값은 직물과 색상에 따라 달랐다. 『만기요람(萬機要覽)』에 의하면 자주색 명주는 노란색 명주의 다섯 배, 붉은 모시는 노란 모시의 열 배 가격이었다.

염색은 염모(染母)라고 하는 여성 기술자가 맡았다. 사실 염색은 고된 육체노동이다. 그런데도 염색이 여성 업종으로 자리 잡은 이유는 여성이 입을 옷을 남성이 손대는 것을 꺼렸기 때문인 듯하다. 남녀의 옷을 한데 보관하는 것조차 꺼리던 시절이다.

고종 때의 재정 백서 『탁지준절(度支準折)』에 따르면 염모에게는 수공포(手工布)라고 하는 공임을 지급했다. 비단 한 필(20미터)을 염색하면 삼베 석 자 다섯 치(약 1미터)를 끊어 준다. 비단 열 필을 염색해야 삼베 한 필이 될까 말까다. 쌀 대여섯 말 가격이다. 중노동의 대가치고는 결코 많지 않다. 그래도 달리 생계를 해결할 길이 없는 가난한 여성에게는 감지덕지였다.[17]

호조(戶曹)의 아전 김수팽(金壽彭)이 선혜청 아전으로 근무하는 동생의 집에 갔더니 마당에 큰 물동이가 줄지어 있었다. 김수팽이 무엇이냐고 묻자 동생이 말했다.

"아내가 염색업을 합니다."

김수팽은 불같이 화를 냈다.

"나라의 녹봉을 받는 우리 형제까지 염색업을 한다면 가난한 사람들은 어떻게 살겠느냐?"

　김수팽은 물동이를 모두 엎어 버렸다. 값비싼 푸른 염료가 콸콸 흘러 도랑에 가득 찼다. 염색업으로 근근이 생계를 유지하는 백성을 생각해서 그런 것이다. 염색은 소상공인의 생계형 업종이었다.[18]

　일제 강점기에 접어들면서 활동하기 불편하고 세탁하기도 힘들다는 이유로 흰옷을 버리고 색옷을 입자는 운동이 전개되었다. 처음에는 자발적이었지만 일제는 점차 색옷 입기를 강요했다. 면직원과 순사들은 흰옷 입은 사람을 보면 먹물을 칠했다. 그래도 사람들은 꿋꿋이 흰옷을 입었다. 이유야 어떻건 간에 흰옷은 이미 민족의 상징이었던 것이다. (장)

김준근이 그린 염색하는 모습(프랑스 기메박물관 소장)

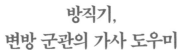

방직기,
변방 군관의 가사 도우미

옛날 변방 주둔지에 창기(娼妓)를 두어 아내 없는 군사들을 접대하게
했는데 그 유래가 오래되었다. ······ 도내의 경원, 회령, 경성 등의 고
을은 본국의 큰 진영으로 북쪽 변방에 있는데, 수자리 서는 군사들
이 가정을 멀리 떠나서 겨울과 여름을 두 번씩이나 지내므로 일상의
자잘한 일도 어려울 것이다.

—『세종실록』 18년(1436) 12월 17일

조선 시대 무과에 급제한 군관은 1년 동안 의무적으로 최전방인
함경도 등지에서 복무해야 했다. 이들을 출신군관(出身軍官)이라고 하
는데, 양반에다 무과에 합격한 신분이라 일반 군사보다 지위가 높은

장교 계급으로 볼 수 있다. 출신군관은 함경도 지방의 토착민으로 이루어진 토착군관보다 높은 대우를 받았다.

출신군관은 이미 가정을 이뤘다 하더라도 가족을 임지로 데려갈 수 없었다. 국방 의무에 전념하기 위한 조치였다. 따라서 이들에게는 주거와 식사 문제부터 군복의 세탁과 수선 등 잡다한 일들을 해 줄 사람이 필요했다. 게다가 병이라도 앓게 되면 어디에 몸을 맡겨야 할지 난감한 일이었다.

이러한 이유로 타 지역에서 온 출신군관에게는 방직기(房直妓)를 한 명씩 배정하여 그 집에서 숙식하며 도움을 받도록 해 주었다. 방직(房直)은 원래 관아에 속한 심부름꾼으로 '방지기'라고도 한다. 방지기를 기생이 맡을 경우 방직기, 여종이 맡을 경우 방직비(房直婢)라고 불렀다. 이들은 일종의 당번병이자 가사 도우미 역할을 한 셈이다.

박계숙(朴繼叔), 박취문(朴就文) 부자는 함경도 회령에서 군관으로 생활한 경험을 『부북일기(赴北日記)』[19]로 남겨 두었다. 이 자료를 통해 군관과 방직기의 관계 그리고 생활상을 생생하게 살펴볼 수 있다.

이날 낮부터 감기를 앓기 시작해서 몹시 아팠다. 부사가 보내 준 죽을 먹고 온돌에 누워 땀을 흘렸다. 월매가 내내 병구완을 해 주었다. 월매와 이야기할 때마다 눈물이 흘렀다. 의향의 어머니도 병구완을 하러 왔다.

— 『부북일기』 1645년 4월 3일

하루는 박취문이 심한 감기에 걸려 방직기 월매의 간호를 받았다. 박취문은 그녀의 구슬픈 이야기를 들으며 눈물을 흘렸다고 하니 아마도 객지에서 고생하는 처지에 위로가 된 모양이다. 당시 박취문의 전담 방직기는 의향이라는 기생이었지만 마침 자리에 없었고, 그 대신 의향의 어머니가 월매와 함께 그를 간호했다.

이처럼 방직기는 군관이 생활에 불편이 없도록 도와주었다. 큰일은 여러 방직기들이 함께 힘을 합쳐 처리하기도 했다. 방직기의 어머니는 땔나무나 반찬, 술, 안주 등을 제공하며 정성을 다해 군관을 대접했다. 방직기는 BOQ(독신 장교 숙소) 제공부터 취사, 보급, 정비, 간호 등 다양한 업무를 일사천리로 처리해 준 군 생활의 가사 도우미였다.

군관들은 활쏘기 시합을 자주 열어 실력을 연마했다. 1년 사이에 120여 일 넘게 시합을 했으니 공무로 바쁠 때 말고는 거의 활을 쏘면서 시간을 보낸 셈이다. 군관들은 자기 방직기와 짝을 지어 시합에 참가하기도 했는데, 시합에서 승리해 상으로 받는 쌀과 콩, 옷감, 종이 등은 대부분 방직기의 차지가 되었다. 그러나 시합에서 패배하면 군관과 방직기는 술을 내거나 광대춤을 추는 등 놀림감이 되었다. 시합에서 꼴찌를 한 군관은 광대 옷을 입은 방직기를 소 등에 태운 채 끌고 다녔다.[20]

군관과 방직기의 관계는 군관의 임기와 함께 끝난다. 군관이 고향으로 돌아갈 적에도 방직기에게 많은 선물을 주고 떠났으므로 수입은 그런대로 괜찮았을 것이다. 방직기는 해당 고을에 소속되어 있어 다른 지역으로 이동하거나 개인의 첩이 되는 것은 불법이었다. 그럼에도 불구하고 군관과 방직기가 뜨거운 사랑에 빠진 사례도 있다. 고죽(孤竹) 최경창(崔慶昌)과 그의 방직기 홍랑(洪娘)이다.

묏버들 가려 꺾어 보내노라 임에게
주무시는 창밖에 심어 두고 보소서
밤비에 새잎 나거든 나인가도 여기소서

— 「홍랑가」

최경창은 1573년 병마절도사의 보좌관인 평사로 부임하여 홍랑을 만난다. 두 사람은 한눈에 사랑에 빠진다. 홍랑이 떠나가는 최경창에게 지어 준 유명한 노래 「홍랑가」에는 두 사람의 깊은 사랑이 녹아 있다. 홍랑의 노래를 통해 신분의 굴레를 벗어나 사람을 사람으로 대했던 그들의 마음을 알 수 있다. (김)

매분구,
화장품 판매원

종이에 싼 흰 가루 한 봉지를 펼쳐 놓고	紙裏分開雪一堆
문 곁에서 말하기를 중국에서 왔다고 하네	傍門云自定遼來
늙은 아내는 병이 많아 머리도 못 감고	老妻多病忘膏沐
화장대는 거미줄이 얼기설기 쳐져 있네	蛛網橫遮明鏡臺

— 이색, 「매분자」

조선 시대 화장품은 고가의 사치품이었다. 기생들을 왕실로 불러
들여 연희를 자주 즐겼던 연산군은 보염서(補艶署)를 두어 왕실에서
필요한 의복과 화장품 공급을 전담하게 했다.[21] 유희춘(柳希春)의 아
내 최씨가 화장품을 팔아 집 안에 남편의 집무실을 지었다는 기록이

보이며,[22] 『홍재전서(弘齋全書)』에는 풍속이 사치해지면서 생긴 병폐 중 하나로 예단과 화장품을 갖추지 못해 때를 놓쳐 혼인하지 못하는 일을 거론했다.[23]

안정복이 지은 「여용국전(女容國傳)」은 여자의 얼굴(국가)에 각종 이물질(적군)이 침입하자 화장 도구와 화장품(군사)으로 물리치는 내용이다. 빙허각이씨(憑虛閣李氏)는 『규합총서(閨閣叢書)』에서 '장대록(粧臺錄)'이라는 제목으로 조선 여성의 미용 실상을 종합적으로 정리했는데 머리 모양, 눈썹 화장, 얼굴 화장 등을 비교적 상세하게 설명했다. 이러한 기록들은 왕실만 아니라 민간 사대부의 여성까지도 화장에 관심이 대단했음을 보여 준다. 따라서 화장품의 수요가 적지 않았으며 활발하게 유통되었음을 짐작할 수 있다.

화장품 판매업자를 매분구(賣粉嫗)라고 불렀다. 이에 대한 기록은 다양한 에피소드와 함께 전한다. 고려 말 이색의 「매분자(賣粉者)」라는 시는 중국에서 수입한 화장품의 판매업자 앞에서 늙고 병들어 화장을 할 수 없게 된 아내를 언급했다. 1488년 『성종실록』에는 매분구이자 로비스트인 망오지(亡吾之)라는 여성이 등장한다. 그녀는 화장품 판매업자로 일하면서 남의 재물을 받아 조정의 관리들에게 뇌물로 청탁하다가 발각되어 처벌을 받았다.[24]

조귀명(趙龜命)은 한 남성에 대한 정절을 지킨 여인의 이야기를 남겼다. 아름다운 여인과 이웃집 남자의 애틋한 사랑, 실패, 상사병, 죽음, 정절이 어우러진 짤막한 러브 스토리다. 이 이야기의 여주인공이 생계를 위해 선택한 직업이 바로 매분구다. 그녀가 판매한 화장품

화장하는 모습(국립민속박물관 소장)

은 주로 연분(鉛粉, 흰 가루로 된 화장품)이었다. 조귀명이 이 이야기를 글로 남길 때 그녀의 나이가 일흔쯤이었으니 17세기부터 활동했을 것이다.[25]

『신증동국여지승람(新增東國輿地勝覽)』에 따르면 서울에는 영희전(지금의 서울 중부경찰서 앞) 동쪽 안팎에 두 개씩 총 네 개의 화장품 판매점 분전(粉廛)이 운영되었다. 여성용품이므로 판매 담당자는 모두 여성이며, 상설 매장을 운영하는 동시에 방문 판매도 이루어지고 있었다.[26] 따라서 매분구는 매장 직원과 외판원으로 구분되었거나 동일인이 두 역할을 번갈아 수행했을 것으로 보인다.

1901년 만전회춘당과 국영당약국은 《황성신문》에 백분과 함께 사용하여 얼굴의 잡티를 제거하는 연녹향이라는 수입 화장품 광고를 총 열네 차례 실었다.[27] 이처럼 19세기 말을 전후해서 화장품 판매업은 약방의 형태로 상설 매장화가 이루어지기 시작한 것으로 보인다. 특히 1915년부터 생산된 박가분(朴家粉)이라는 화장품이 1918년 특허국에 정식 상표로 등록되면서 화장품 생산은 기업화의 길에 접어들었다.

다만 제조업체들은 자본력의 한계로 유통까지 주도할 수는 없었다. 1960년대 중반까지는 도매상이 유통을 맡았다. 그런데 1960년대 중반부터 1980년대 중반까지 방문 판매가 화장품 유통을 주도하면서 현대판 매분구의 전성시대를 맞게 되었다. 이후 한동안 화장품의 유통은 할인점과 전문점이 주도하다가 통신과 온라인 유통에 그 역할을 넘겨주게 된다. (강)

잠녀,
고단한 바다의 노동자

미역을 캐는 여자를 잠녀라고 하는데 2월부터 5월 이전까지 바다에 들어가 미역을 채취한다. …… 이들은 전복을 잡아 관가의 부역에 응하고 그 나머지를 팔아서 먹을 것과 입을 것을 마련했다. 그러므로 잠녀 생활은 고생스럽기가 이루 말할 수 없다. 더구나 사치스러운 관리들이 욕심을 내어 교묘하게 갖은 명목을 만들어 징수하니 1년 내내 조업을 해도 그 부역에 응하기가 어려웠다.

— 이건, 『제주풍토기』

제주도의 문화를 설명하는 키워드 중 하나가 바로 해녀. 특히 2016년 제주해녀문화가 유네스코 인류무형문화유산으로 등재되면서 직업을 넘어 문화유산으로 자리를 잡았다.

오늘날에는 산소를 공급하는 보조 장치 없이 바닷속으로 들어가 해조류와 패류를 채집하는 여성을 해녀(海女)라고 한다. 그런데 『숙종실록』에 따르면 조선 시대의 해녀는 어촌에 살면서 어업에 종사하는 여성을 일컫는 말이었다. 그렇다면 지금의 해녀를 조선 시대에는 무엇이라 불렀을까? 잠녀(潛女)다.

바닷속에 들어가 수영과 잠수를 하며 해산물을 채취하는 일을 포작(鮑作)이라 했다. 이원진(李元鎭)의 『탐라지』에 따르면 포작에 종사하는 남성은 적었고 여성은 많았다. 따라서 원래는 잠업(潛業)에 종사하는 남성들이 있었던 것으로 보인다. 『숙종실록』을 보면 바닷가에서

해녀들(제주민속자연사박물관 소장)

배를 소유하고 고기잡이에 직접 종사하는 격군(格軍)의 아내를 잠녀라 하고, 격군은 아내에 비해 두 배 정도 되는 포작을 관아에 바쳤다고 한다.[28]

『남사일록(南槎日錄)』 1680년 기록에 제주에는 남자의 무덤이 매우 적으며 여성은 남성에 비해 세 배 정도 많다는 증언이 있다. 딸을 낳으면 부모에게 효도할 아이를 낳았다 하고, 아들을 낳으면 고래와 자라의 먹이라고 한다는 내용도 보인다. 관아의 무리한 요구에 못 이긴 격군과 잠녀들이 도망갔다는 기록이 많은 것을 보면, 당초 남녀 모두 잠업에 종사했지만 남성들이 죽거나 도망하면서 남아 있는 여성들이 이 일을 모두 떠맡은 듯하다.

잠녀가 바다에서 채취하는 상품은 전복을 비롯한 어패류와 미역 따위의 해초류, 오징어 등이다. 어촌에 사는 사람의 경우 남편은 포작은 물론 선원 노릇까지 해야 했고, 아내 역시 잠녀 노동으로 1년 내내 진상할 전복과 미역 등을 마련하여 관가에 바쳐야 했다. 이형상이 1702년 조정에 올린 보고서에서는 목동보다 열 배는 어렵다고 했으니 노동 강도와 수탈 정도를 짐작할 수 있다. 따라서 어촌에 살던 사람들은 죽기를 무릅쓰고 도망가는 일이 비일비재했다.[29] 이들은 과도한 수탈에 따른 참혹한 실상을 알리고 억울함을 호소했지만 개선되지 않았다.

그 결과 포작에 종사하는 사람들의 수는 점점 감소했다. 1695년까지 전복잡이 잠녀는 90명 정도에 지나지 않았으며 미역을 캐는 잠녀는 약 800명이 있었다. 일이 너무 힘들어 도망가 버리거나 나이가 들

조선잠사

어 전복잡이 잠녀의 수가 점점 감소하자 관리들은 조정에 진상할 상품을 걱정하기 시작했다. 그 대안으로 미역 잠녀들에게 전복 채취 기술을 익히게 해서 한두 개씩 할당하는 식으로 전복잡이 잠녀의 수를 유지했다.[30]

제주의 어촌 여성들은 육지 여성들이 하는 누에치기와 솜 타는 일을 하지 않았다. 양태를 들고 망사리를 맺어 미역 따고 전복 캐는 것을 업으로 삼았다. 겨우 열 살이 되면 잠수 기술을 익히는데, 그때부터 바닷속을 자유롭게 드나드는 기술이 족쇄가 되어 삶을 억압하기 시작한다. 지금 해녀들은 자신의 일을 자랑스럽게 생각하고 마을 어장은 공유 자산으로 적지 않은 소득을 안겨 주고 있지만, 그 역사는 결코 순탄하지 않았다. (강)

여성 경영인의 채소전

내가 오랫동안 민간에 있으면서 보니, 농가에서는 채소를 전혀 심지
않아 파 한 포기, 부추 한 단도 사지 않으면 얻을 수 없다.

— 정약용, 『목민심서』

   조선 시대에 아무리 먹을 것이 귀했다지만 채소 정도는 실컷 먹었
을 거라고 생각하기 쉽다. 하지만 그렇지 않다. 조선 시대 농부들은
채소를 심지 않았다. 채소를 심을 땅도 없고 재배할 겨를도 없었기
때문이다. 벼농사와 채소 농사는 병행하기 어렵다. 채소 심을 땅이 있
으면 곡식을 심는 게 낫다.

   한양 도성 내에서는 원칙적으로 농사를 금지했다. 게다가 한양 근

처의 산은 마구잡이 벌채로 민둥산이 되었으니 산나물 따위가 남아 있을 리 없다. 한양 사람들이 먹는 채소는 모두 근교의 채소밭에서 재배했다. 당시 도성 밖이었던 왕십리의 채소밭이 가장 규모가 컸다. "왕십리의 백성은 항상 채소를 팔아서 생계를 꾸린다."라는 기록이 있다.[31] 이것을 도성 안으로 들여와 채소전(菜蔬廛)에서 판매하거나 행상이 팔러 다녔다.

채소전은 한양 시전(市廛) 가운데 여성이 운영권을 갖고 있는 몇 안 되는 가게 중 하나이며, 채소 행상도 대부분 여성이었다. 윤기(尹愭)의 「도성의 새벽 풍경」이라는 시에 "별 지고 닭 울자 채소 할멈 젓갈 영감 다투어 도성에 들어오네.(大星落落小雞鳴, 菜媼醓翁競入城)"[32]라는 구절이 있다. 신윤복의 그림에도 생선 바구니를 머리에 이고 채소 바구니를 어깨에 멘 여성 행상이 등장한다.

초량과 부산 등지에 거주하는 왜인에게 채소를 파는 사람도 여성이었다. 왜인이 여성에게 값을 후하게 쳐 주었기 때문이다. 1708년 동래 부사로 부임한 권이진(權以鎭)은 마을 남자들을 불러 꾸짖었다.

"들자니 너희들이 아내와 딸을 보내 생선과 채소를 판다고 하는구나. 여인이 왜인의 손을 잡고 때리는 시늉을 하면서 '이놈이 어찌하여 이렇게 값을 적게 주는가.'라고 말하면, 왜인이 머리를 쓰다듬으며 어여삐 여기고 값을 후하게 쳐준다고 한다. 심지어 젊고 아름다운 여자가 파는 물건은 긴요하지 않아도 값을 갑절로 쳐준다고 한다. 이것은 생선과 채소를 파는 것이 아니라 네 아내와 딸을 파는 것이다. 너희들도 사람인데 어찌 차마 이런 짓을 하느냐."[33]

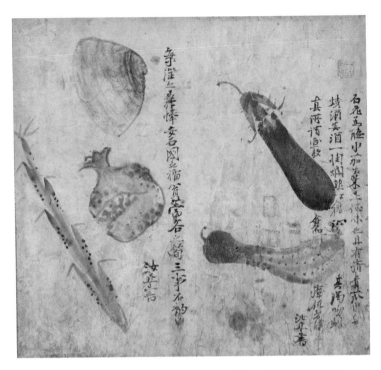

우측 상단부터 가지, 오이, 죽순, 석류, 조개가 보인다. 강세황, 「채소도」(국립중앙박물관 소장)

한양만 아니라 큰 고을 주변에는 늘 채소밭이 있었다. 개성 사람 김사묵은 선죽교 옆에 채소밭을 일구었다. 먹고 남는 것은 내다 팔았 는데 채소가 귀해서 잘 팔렸다. 이렇게 번 돈으로 쌀과 고기를 사서 온 식구가 먹고살았다고 하니 제법 수지맞는 장사였던 모양이다.

채소값은 결코 싸지 않았다. 조선 후기 국가 조달 물자의 가격을 기록한 『물료가치성책』에서 50여 종의 채소값을 확인할 수 있다. 배추 한 근 가격이 쌀 두 말, 파 한 단이 쌀 한 되, 상추 한 단이 쌀 다섯 홉이다.[34] 지금처럼 크고 좋은 것도 아니었을 테니 이 정도면 귀한 음식이라고 하겠다. 채소 종자도 귀했다. 궁중에 채소를 납품하는 내농포(內農圃)의 채소 종자는 중국 가는 사신들이 진자점(榛子店, 지금의 허베이성 탕산시)에서 구입해 온 것이었다.[35]

조선 초기에 이미 온실을 설치해 겨울에도 채소를 재배했다는 기록이 있지만 보통 사람들은 엄두를 내기 어려웠다. 채소가 귀하다 보니 염장이나 건조 기술도 그다지 발달하지 못했다. 조선 후기 실학자 유수원은 "우리나라 사람들이 겨울을 나기 위해 보관하는 채소는 무김치가 고작이다. 산나물은 산골 사람 외에는 보관하는 사람이 거의 없다."라고 했다. 유수원은 조선에도 중국처럼 전업으로 채소를 말려서 파는 사람이 있어야 한다고 주장했다.[36]

조선 후기 안산에 유덕상이라는 채식주의자가 있었다. 그는 만년에 채식을 하게 되었다는 뜻에서 호를 만채(晚菜)라고 했다. 역시 채식주의자였던 친구 이용휴가 그를 위해 글을 지어 주었다.

내 친구가 호를 만채라고 짓고 채소를 밭에 심었다. 이것을 따서 삶아 먹기도 하고 생으로 씹기도 하며 살다 보니 세상에 고기가 있는 줄 모르게 되었다. 사람들은 "고기를 먹고 싶어도 먹을 수 없으니 채소를 먹어야겠지."라며 비웃는다. 하지만 그가 고기를 먹고 싶었다면 닭이나 돼지, 개를 길렀을 것이다.

만채의 채식은 본성이다. 동물을 도살하면 피와 살점이 낭자하다. 먹고 싶은 마음을 조금 참고 어진 마음을 베풀면 안 되겠는가. 고기를 먹어 오장육부에서 비린내와 썩은 내가 나는 사람과 채소를 먹어 향기가 나는 사람은 차이가 크다. 나 역시 아침저녁으로 채소 한 접시만 먹고 있다.[37]

이용휴의 「만채재기(晚菜齋記)」에 나오는 이야기다. 조선 시대 사람들이 채식을 했던 이유는 고기가 귀했기 때문이기도 하지만, 함부로 생명을 해치는 것을 피하기 위해서이기도 했다. 채식이 건강에 좋다는 사실도 잘 알고 있었다. 우리 음식 문화가 채식 위주였던 이유다. (장)

2부

극한 직업

조선에도 위험하고(Dangerous) 힘들고(Difficult) 더러운(Dirty) 일을 하는 직업이 많았다. 조선판 3D 업종이다. 대부분이 꺼렸지만 없어지지 않았다. 없어서는 안 되는 직업이기 때문이다. 흔히 망나니라고 불리는 사형 집행인인 회자수, 소를 잡고 해체하는 도축업자 백정 등은 잘 알려진 조선의 극한 직업이다. 조선 사람들의 일터 가운데 산은 유난히 위험한 곳이었다. 약초꾼, 사냥꾼 산척, 호랑이와 싸운 특수부대 착호갑사는 산속에서 목숨을 걸고 일했다. 사람을 업어 강을 건네준 월천꾼, 분뇨 처리업자 똥장수, 소방수인 금화군, 연고 없는 시체를 묻어 준 매골승의 어려움도 만만찮다.

조선 사람도 현대인처럼 위험하고 힘들고 더러운 일을 꺼리기는 마찬가지였다. 누군가는 해야 하는 일을 묵묵히 해낸 사람들 덕택에 다른 사람들은 안전하고 쉽고 깨끗하게 살 수 있었다.

회자수,
사형 집행자

우리나라 속어로 회자수를 망나니라고 하니, 지극히 싫어하고 천시
하는 말이다.

— 황현, 『오하기문』

큰 칼을 들고 덩실덩실 춤을 추다가 술 한잔 들이켜고 입으로 뿜
어 칼날을 적신다. 사극을 통해 익숙해진 망나니의 이미지다. 한자로
는 회자수라고 한다.

포수(砲手), 궁수(弓手)라는 용어와 마찬가지로 회자수는 원래 회자
라는 무기를 사용하는 군인을 말한다. 회자는 『삼국지연의』의 관우
가 휘두르는 청룡언월도와 비슷하다. 협도(挾刀)라고도 한다. 회자수

는 붉은 옷차림에 붉은 두건을 쓰고 이 무기를 들고서 대장을 호위한다.[1] 실전용이 아니라 위엄을 과시하고 공포를 심어 주는 의장용이다. 그런데 하필이면 이 회자를 사형 도구로 사용하는 바람에 회자수가 망나니라는 뜻으로 쓰이게 되었다.

회자는 자루가 길어서 원심력을 이용해 세게 내리칠 수 있다. 사람의 목을 단번에 베는 것도 가능하다. 서양의 사형 집행자가 긴 자루 달린 도끼를 사용한 것도 같은 이유다. 사극의 망나니는 칼날이 넓고 자루가 짧은 칼을 사용하는데, 이런 걸로는 사람의 목을 베기 어렵다. 채썰기에나 알맞은 칼이다. 사극의 망나니는 어디까지나 허구다. 사형 집행 장면을 묘사한 옛 그림에서도 회자를 사용하는 모습을 볼 수 있다.

아무리 죽을죄를 지은 죄인이라지만 산 사람의 생명을 끊는 것은 차마 하기 어려운 일이다. 남들이 어려워하는 일을 떠맡은 탓인지 망나니는 되레 잔혹해졌다. 사형수가 뇌물을 주지 않으면 고통스럽게 죽였다는 기록도 있다. 윤준(尹浚)이 을사사화에 연루되어 사형을 앞두고 있는데 망나니가 돈을 요구했다. 윤준은 거부했다.

"돈을 준다고 내가 안 죽겠는가!"

화가 난 망나니는 최대한 고통스러운 방법으로 그를 죽였다. 야사에 나오는 이야기라 진위가 의심스럽지만 충분히 있을 법한 일이다.[2]

지관(地官) 이시복(李時復)은 순조 임금의 능을 잘못 잡았다는 이유로 처형되었다. 나중에 시신을 확인해 보니 망나니에게 난도질을 당했다. 뇌물을 주지 않았나 보다. 이 사실이 알려지자 망나니는 물론

현장에 입회한 의금부 도사와 전옥서 관원도 처벌을 받았다. 『승정원일기』에 나오는 이야기다.[3]

망나니의 행패는 이뿐이 아니었다. 명절이 다가오면 때 지어 시장에 나타나 물건을 빼앗고 돈을 갈취했다. 쌀가게에 들어가서 큰 바가지로 쌀을 마구 퍼 갔다. 주인은 감히 막지 못하고 손님은 더럽다며 가 버렸다. 원성이 높아지자 보다 못한 원님이 나섰다. 관가의 돈으로 땅을 사서 그 소출을 망나니에게 주었더니 행패가 사라졌다. 철종조의 기록인 『임술록(壬戌錄)』에 나오는 이야기다.[4] 나라에서 받는 돈만으로는 살기 어려웠던 모양이다.

조선 시대에는 사형을 집행하는 기관이 여럿이었다. 죄인의 신분과 죄목에 따라 의금부, 형조, 각 지방의 감영과 군영 등이 나누어 집행했다. 사형을 집행하는 기관이 여럿이므로 집행자도 여럿이다. 원칙적으로는 군인의 임무였지만 반드시 그렇지는 않았다.

특이한 것은 전옥서다. 전옥서의 사형 집행자를 행형쇄장(行刑鎖匠)이라고 한다. 행형쇄장은 사형수 내지 중죄인이 맡는 것이 관례였다. 사형을 면해 주는 대신 형 집행의 책임을 맡겼다. 평소에는 다른 죄인과 똑같이 감옥에 갇힌 죄수 신세다.[5]

어째서 죄수에게 형 집행을 맡겼을까. 아무도 손을 더럽히고 싶지 않았으므로 어차피 죽을 목숨인 죄수에게 떠넘긴 것이다. 강제로 시킨 게 아니라 자원을 받았으니 그나마 다행이라고 해야 할까. 그래도 사람을 죽인다는 죄책감을 견디기 힘들었는지 행형쇄장이 형 집행을 거부한 사례도 있다. 첫 번째는 간신히 설득해서 형을 집행했지만, 두 번째는 아무리 으르고 달래도 요지부동이었다. 죽이지 않으면 죽는 신세인데도 끝까지 인간이길 포기하지 않았다. 할 수 없이 도살업자를 불러 억지로 형을 집행했다.[6] 『승정원일기』를 보면 행형쇄장이 죽었으니 후임자를 구해야 한다는 기록이 종종 보인다. 사형 집행자라는 무거운 책임은 죽어야만 벗어날 수 있었다.

망나니라는 우리말은 도깨비라는 뜻의 망량(魍魎)에서 나왔다고도 하고, 난동을 뜻하는 망란(亡亂)에서 나왔다고도 한다. 또 다른 기록에 따르면 망나니는 원래 '막란(莫亂)'이라는 사람 이름이었는데 사형 집행자의 대명사로 굳어진 것이라 한다.[7] 막란은 우리말로 '마지막으로 낳은', 즉 막내라는 뜻이다. 무시무시한 사형 집행자 '망나니'는 원래 어느 집 막내아들이었던 것이다. 사형수야 죄를 지었으니 그렇다 치고 한 집안의 막내아들이었던 그는 무슨 죄로 사람을 죽여야 하는 운명이 되었을까. (장)

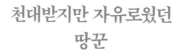

천대받지만 자유로웠던
땅꾼

끝이 갈라진 나무 활과 구부러진 나무 막대를 가지고 깊은 산속으로 들어간다. 약초를 캐다가 뱀을 만나면 큰 놈이건 작은 놈이건 나무활로 머리를 누른다. 뱀이 머리를 들고 입을 벌리면 구부러진 나무 막대로 조여서 뱀의 이를 다 뽑고 손으로 껍질을 벗겨 화살통에 보관한다. 밥이 다 되면 소금을 뿌려서 구워다가 남김없이 먹는데 오래 지나면 중독되어 죽는 자가 이어진다.

— 강희맹, 「뱀 먹는 사람 이야기」

연산군은 뱀을 매일 한 상자씩 바치라고 했다. 어디에 쓰려고 했을까? 이 명령을 내린 날 몸이 불편해서 아침 조회에 늦었다는 기록이 있으니 약에 쓰려고 그런 듯하다.[8] 아무 뱀이나 약이 되는 건 아니었다. 백화사(白花蛇)라고 하는 독사가 주로 쓰였다.

사유환(蛇油丸)이라는 약이 있다. 백화사에서 짜낸 기름으로 만든 환약이다. 조선 왕실은 이 약을 조제하기 위해 섬이나 바닷가에 사는 백성들에게 뱀을 공물로 받았다. 매년 400~500마리를 잡아야 하는데 다섯 집에 한 마리꼴이었다. 백성들은 농사일을 팽개치고 뱀을 잡으러 다녔다.

뱀은 산 채로 잡지 않으면 약으로 쓸 수가 없다. 일반 백성이 쉽게 잡을 리 없다. 결국 돈을 주고 땅꾼에게 사야 하는데 이때는 뱀 한 마리 가격이 서너 냥으로 치솟았다. 쌀 두 가마 값이니 결코 적은 돈이 아니다. 게다가 크기가 작다고 퇴짜를 놓는 관리들에게 뇌물도 주어야 한다. 사유환은 변질되기 쉬워 1년 이상 보관이 불가능했다. 이 때문에 매년 뱀을 잡느라 소동이 벌어졌다. 뱀 공납은 고역 중의 고역이었다.[9]

효과가 있다면 모르겠지만 사유환은 의학서에 보이지 않는 민간요법에 불과했다. 효과가 의심스럽다는 사실은 조정 관원들도 알고 있었다.[10] 그래도 혹시나 싶어 계속 진상을 받았다. 뱀의 효능에 대한 근거 없는 믿음은 민간에도 만연해 있었다. 환자에게 뱀을 잡아 먹였다는 기록이 심심치 않게 보인다. 뱀을 먹어야 낫는다는 의원의 말을 믿고 한겨울에 뱀을 찾으러 다녔다는 효자 이야기 또한 드물지 않다. 그렇지만 크게 효과를 보았다는 기록은 찾기 어렵다. 가망 없는 환자에게 지푸라기라도 잡는 심정으로 먹였을 것이다.

먹고 효과가 없으면 그만이지만 목숨이 위험해지는 경우도 있었다. 강희맹의 「뱀 먹는 사람 이야기」에서 말하길 강릉의 약초꾼들은 나무 집게를 가지고 다니다가 뱀을 발견하면 집게로 머리를 조여 이를 빼고 껍질을 벗긴 뒤 소금을 뿌려 구워 먹었다. 하지만 중독되어 죽는 사람이 많았다고 한다.[11] 요새도 뱀을 먹는 사람이 없지 않은가 본데 야생 동물 보호는 둘째 치고 위험한 짓이니 삼가는 것이 좋겠다.

다산 정약용이 경북 장기(지금의 포항)에 유배되어 풍속을 살펴보니 그곳 사람들은 병에 걸리면 무당에게 빌고, 그래도 낫지 않으면 뱀을 잡아먹고, 그래도 낫지 않으면 죽는 수밖에 없었다. 다산은 집에서 보내 준 의학서에서 간편한 처방을 뽑아 『촌병혹치(村病或治)』라는 책을

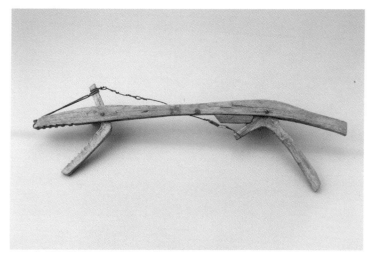

땅꾼이 썼던 뱀 집게(국립민속박물관 소장)

엮었다. 무지한 백성을 살리기 위해서였다.[12] 하지만 뱀을 잡아먹는 풍습은 사라지지 않았다.

뱀과 친했던 사람에 대한 기록도 있다. 순조 때 포천 사람 방대진(方大鎭)은 뱀을 팔뚝에 감기도 하고 손가락을 뱀 아가리 속에 넣기도 하는 등 자유자재로 부렸다. 정조 때 아전 무다언(無多言)은 뱀을 목에 두르기도 하며 마음대로 움직였다.[13] 뱀의 습성을 잘 알았기 때문에 가능했을 것이다. 땅꾼의 필수 자질이다.

일제 강점기의 인물 정관해(鄭觀海)는 『관란재일기(觀瀾齋日記)』에서 한 땅꾼의 기구한 인생을 소개했다. 땅꾼은 어릴 적에 공부를 했지만 회초리 맞기가 싫어 가출했다. 그는 금강산으로 들어가 승려가 되었다. 9년 만에 집으로 돌아왔더니 부모가 억지로 결혼시키려 했다. 그는 두 번째 가출을 감행했다. 구속이 어지간히 싫었던 모양이다. 한동안 거지 노릇을 하던 그는 땅꾼이 되었다. 땅꾼은 뱀을 찾아 방방곡곡을 누벼야 한다. 한자리에 머물러 살 수 없는 것이 땅꾼의 운명. 천대받았지만 자유로운 직업이었다. 어쩌면 그 땅꾼은 천직을 찾았는지도 모르겠다.[14] (장)

보장사,
인간 메신저

태상(太上) 4년 고구려가 다시 사신을 보내 천리인 열 명과 천리마 한 필을 바쳤다.

—『십육국춘추』

408년 고구려 광개토 대왕은 남연(南燕)의 군주 모용초(慕容超)에게 두 가지 선물을 보냈다. 천리인과 천리마다. 천리마는 알겠는데 천리 인은 무엇일까? 천리마처럼 하루에 1000리(400킬로미터)를 달리는 사 람일까? 그렇다. 천리인은 마라토너다. 고구려는 마라토너를 중국에 수출한 것이다. 중국 역사책 『후한서(後漢書)』에 "고구려 사람은 걸음 걸이가 전부 달리기다."라고 했다.[15] 고구려는 마라톤 강국이었다.

올림픽도 없는 시절인데 마라토너가 무슨 소용일까? 승전보를 전하기 위해 먼 길을 달린 전령(傳令)의 존재가 마라톤의 기원이라는 점을 생각하면 고구려가 마라토너를 보유한 이유는 자명하다. 신속히 명령을 전달하고 정보를 입수하기 위해서다.

어째서 말을 이용하지 않았을까? 말은 사람보다 빠르지만 비싸다. 유지 비용도 만만찮다. 달리는 말은 고도로 훈련받은 기수가 아니면 못 탄다. 원나라 역참 제도가 이식된 고려 시대에는 전국에 500개가 넘는 역참을 설치했지만 조선 시대에는 200개로 줄어들었다. 더구나 명나라에서 매년 엄청난 수량의 말을 공물로 요구하여 말의 씨가 마를 지경이었다.

결국 사람이 말 대신 뛰어야 했다. 사람은 말보다 빨리 달리지 못하지만, 오래 달릴 수는 있다. 게다가 우리나라처럼 산과 강이 많은 지형에서는 사람이 말보다 낫다. 『세종실록』에 잘 달리는 무사를 변방 고을에 번갈아 배치했다는 기록이 보인다.[16] 변방의 급보를 신속히 전하기 위해서였다. 병자호란 이후 말이 부족해지자 말 대신 잘 달리는 사람을 역참에 배치했다는 기록도 있다.[17]

국가의 간선 통신망에 해당하는 역참이 이 지경이니 민간의 사정은 뻔하다. 윤부(尹釜)가 강원 감사로 부임하여 고을 사정을 잘 아는 늙은 승려에게 백성의 고초를 물었다. 승려가 제일 먼저 거론한 것은 보장사(報狀使)였다. 보장사는 고을과 고을을 오가며 공문을 전달하는 사람이다. 으레 가난한 아전을 보장사에 임명하는데 춥고 굶주려 제대로 달릴 수가 없었다. 폭설이 내리는 궂은 날씨를 만나도 하루만

지체하면 벌을 받는다. 보장사가 지체한 죄를 묻지 말라는 것이 승려의 첫 번째 부탁이었다.[18]

19세기에 편찬된 전남 구례군의 읍지 『봉성지(鳳城志)』에 이런 기록이 있다. 구례군의 보장사는 백성이 돌아가며 맡았는데, 젊은 사람은 괜찮지만 노약자는 직접 갈 수가 없으므로 사람을 사서 보내야 했다. 1년에 서너 번은 차례가 돌아오니 재산을 탕진할 지경이었다. 보다 못한 수령이 관가의 곡식을 덜어 밑천으로 삼고는 자원자에게 비용을 주고 맡겼다. 힘들고 번거로운 보장사 노릇에서 해방된 백성은 환호했다. 지방 관아에서는 일일이 사람을 시켜 공문을 수발했다는 사실을 알려 주는 자료다.

잘 달리는 노비는 소중한 자산이기도 하다. 조선 초기 문인 박소(朴昭)는 권신 김안로(金安老)의 박해를 피해 경남 합천으로 내려갔다. 박소의 친구에게는 하루에 300리(120킬로미터)를 달릴 수 있는 노비가 있었다. 그 노비는 한양에서 합천까지 9일 거리를 사흘 만에 주파했다. 박소는 이 노비를 통해 조정의 동향을 신속히 전해 듣고 대응책을 모색했다.[19]

연산군 후궁의 오라비 김이고리(金伊古里)는 전남 나주에 살았다. 누이의 권세를 믿고 인근 고을의 수령들을 종 부리듯 했던 그에게는 잘 달리는 노비가 셋이나 있었다. 나주에서 서울까지 740리(300킬로미터) 거리를 하루 반나절 만에 주파했다. 마음에 들지 않는 수령이 있으면 즉각 노비를 서울로 보내 누이에게 일러바쳤다. 김이고리를 거역한 수령은 며칠 못 가 파면당하곤 했다.[20]

조선 시대에 가장 먼 길은 중국 가는 길이었다. 한양에서 북경까지 1200킬로미터가 넘는다. 사신단이 하루에 갈 수 있는 거리는 고작 15킬로미터. 짐수레도 따라가니 이 이상은 속도를 내기 힘들다. 무엇보다 사신단의 우두머리에 해당하는 양반들이 문제다. 이 사람들은 장거리 여행에 익숙하지 않다. 말을 타고 가는데도 한번 다녀오면 골병이 든다. 실제로 길에서 죽는 사람도 적지 않았다.

그런데 터벅터벅 걸어가는 사신단의 수행원들은 이 사행을 평생 사오십 번씩 다녀온다. 이규경의 『오주연문장전산고』에 따르면 수행원이 평생 걷는 거리는 모두 합쳐 약 15만 킬로미터다. 사행 한 번에 왕복 6개월이 걸린다고 치면 반평생을 걸어 다니며 보내는 셈이다. 중국 사람들은 지치지도 않고 먼 길을 수십 번씩 다녀오는 조선 사람들을 보며 혀를 내둘렀다.[21]

담헌 홍대용이 중국 책을 읽는데 이런 말이 있었다. "조선의 아이들은 달리기를 좋아한다." 담헌은 코웃음을 쳤다. '애들이 다 그렇지 뭐.' 그런데 중국에 가 보고는 생각이 바뀌었다. 중국 아이들도 장난 좋아하고 시끄럽기는 마찬가지지만 우리나라 아이들처럼 뛰지는 않는다는 것이었다. 정말 그런지는 모르겠다.

올림픽 마라톤에서 금메달을 딴 나라는 겨우 14개국이다. 우리나라가 그중 하나로 당당히 들어가 있는 걸 보면 우리나라 사람이 잘 달리기는 하는 모양이다. (장)

약초 캐는 능력은
효자의 덕목

지금 서울 사람은 걸핏하면 탕약을 지어 먹지만, 먼 산골짜기에 사는 백성은 의원과 약방이 있는 줄도 몰라서 병에 걸리면 누워서 앓기만 하다가 죽기도 하고 살기도 한다.

— 이익, 『성호사설』

1123년 고려를 방문한 송나라 사람 서긍(徐兢)에 따르면 고려 사람들은 병에 걸려도 약을 먹을 줄 모르고 무당만 찾았다고 한다.[22] 무식해서가 아니라 의료 환경이 열악했기 때문이다. 의료 보험 덕택에 병원과 약국의 문턱이 낮아진 지금으로서는 상상하기 어렵지만, 불과 수십 년 전까지만 해도 전문가의 진찰과 처방을 받기란 결코 쉬운 일이 아니었다.

조선 시대도 사정은 마찬가지였다. 한양에는 그나마 혜민서(惠民署), 활인서(活人署) 등 백성의 치료를 담당하는 기관이 있었다. 그런데 지방에는 인턴에 해당하는 의생(醫生)과 진상 약재의 품질을 점검하는 심약(審藥)을 파견하는 정도가 고작이었다. 조정에서 『향약집성방(鄕藥集成方)』을 비롯한 의서를 편찬, 보급한 것도 열악한 의료 환경을 개선하려는 노력이었다. 서울 양반들조차 안면 있는 관원에게 약재를 조금씩 얻어 쓰는 형편이었으니 지방 백성은 약 한 첩 지어 먹기 어려웠다. 뜻 있는 지방관은 지방 유지와 협력하여 자구책을 마련했다. 1367년 안동 부사 홍백정(洪柏亭)이 설립한 약원(藥院)은 약재 창고에 목욕탕과 숙박 시설까지 갖추었다.[23] 하지만 이런 의료 시설은 설립도 어렵고 유지는 더욱 어려웠다.

의료 환경이 이처럼 열악한 탓에 사람들은 각자도생의 길을 모색했다. 간단한 의술과 약재에 대한 지식은 상식에 속했다. 직접 약초를 캐어 약을 조제하는 능력이 효자의 자질로 손꼽힐 정도였다. 웬만한 집에서는 약포(藥圃)라는 약초밭을 일구어 상비약을 마련했다. 재배한 약초를 빌리거나 빌려주기도 했다. 1683년 안동 선비 이유장(李惟樟)은 천연두에 걸리자 친구 열세 명에게 열다섯 가지 약재를 빌렸다. 잊지 않고 갚기 위해 품목과 수량을 꼼꼼히 적어 두었다.[24]

이렇게 알음알음 약재를 주고받던 단계를 지나 약계(藥契)라고 하는 협동조합이 탄생했다. 여러 사람이 돈을 모아 약재를 구입해 두었다가 필요할 때마다 값을 치르고 갖다 쓰는 식이다. 돈이 없어서 문제가 아니라 약이 없는 것이 문제였던 만큼 이렇게 모아 둔 약재는 큰 도움이 되었다.[25] 지금도 남아 있는 경북 상주의 존애원(存愛院) 역시 약계의 일종이다. 1599년 설립된 존애원은 우리나라 최초의 사설 의료 기관이다. 노는 사람들을 모아 약초를 캐게 하고, 중국산 약재까지 구입해 갖추었다. 멀리서 찾아오는 사람들을 위한 숙박 시설도 마련했다.[26] 약계는 약국으로 발전했다.

약국(藥局)은 본디 왕실의 의료 행위를 담당하는 내의원(內醫院)의 별칭이다. 약국 주인을 뜻하는 봉사(奉事) 역시 원래는 내의원의 관직명이다. 조선 후기에는 민간 약국이 번창했다. 서울 구리개(지금의 을지로)에는 약국이 밀집하여 약국 거리를 형성했다. '신농유업(神農遺業)', '만병회춘(萬病回春)' 따위의 간판을 걸고 영업을 했다.[27] 약재 매매를 중개하는 약쾌(藥儈), 약초 채취꾼 약부(藥夫), 수많은 의원과 환자들이 이곳에 모여 약을 사고팔았다. 인삼 같은 고급 약재와 희귀한 수입 약재, 임금에게 진상하는 약재에 이르기까지 취급하지 않는 약이 없었다. 판매는 물론 조제도 담당했다. 약국 운영으로 부자가 된 사람이 속출했다. 약국은 세금 혜택도 받았다. 정약용은 『경세유표(經世遺表)』에서 모든 점포에서 세금을 징수하는데 약국만은 징수하지 않으니 불공평하다고 했다. 업종의 특수성을 고려하여 세금을 징수하지 않았던 것으로 보인다.[28]

약재 유통 환경은 이처럼 발전을 거듭했지만, 약재를 공급하는 사람은 여전히 호미를 들고 광주리를 짊어진 약초꾼이었다. 이들은 범을 만날 위험을 무릅쓰고 약초를 찾아 깊은 산속을 헤맸다. 손에 넣

는 돈은 입에 풀칠할 정도에 불과했다. 그래도 먹고살 수 있는 직업이
라는 점은 다행이었다.

19세기 서울의 남 씨 노인은 약초를 캐고 버섯을 팔아 늙은 형수
를 봉양했다. 형수는 일찍 죽은 부모 대신 그를 길러 준 사람이었다.
형수가 세상을 떠나자 남 씨는 부모가 돌아가셨을 때에 준하여 상을
치르고 제사 때마다 형수가 생전에 즐기던 생선알을 올렸다. 미천하
고 무식한 약초꾼이었지만 사람의 도리를 다했다.[29] 거대한 의료 체계
를 지탱한 것은 남 씨와 같은 이름 없는 약초꾼들이었다. (장)

착호갑사,
호랑이 잡는 특수 부대

갑사 박타내가 창을 가지고 다가가 잘못 찌른 까닭에 호랑이에게 물려 거의 죽게 되었다. 도승지 신면에게 명하여 극진히 약으로 구호하도록 하여 궁궐로 돌아왔으나 이튿날 죽었다.

—『세조실록』12년(1466) 1월 28일

한반도는 세계적으로 유명한 호랑이 사냥터였다. 원나라는 호랑이 전문 사냥꾼인 착호인(捉虎人)을 고려에 보내 호랑이를 사냥했다. 호랑이 가죽을 얻을 목적이었다. 호랑이를 사냥하는 사신(使臣)이므로 이들을 착호사(捉虎使)라고도 불렀다. 『고려사』에 따르면 1277년 착호사 투게(禿哥)와 휘하 착호인 열일곱 명이 고려에서 호랑이를 사냥했다.[30]

호랑이 관련 이야기도 많아 육당(六堂) 최남선(崔南善)은 호랑이 이야기를 모아 『아라비안나이트』를 만들 곳은 우리뿐이라며, 우리나라를 호담국(虎談國)이라고 했다.[31]

조선은 원활한 목재 확보를 위해 소나무 벌목을 금지하는 금산(禁山), 봉산(封山) 제도를 시행했다. 금산령이 공포되면 입산 자체를 불허하는 경우도 많았다. 사람의 발길이 끊긴 숲은 동물 천지가 되었고 자연스럽게 호랑이가 살았다. 고종 때까지도 서울 인근에서 호랑이가 출몰했다. 1868년(고종 5년) 북악산 봉우리에서 세 마리, 수마동(水磨洞, 지금의 홍은동 일대)에서 두 마리를 잡았다.[32]

『어우야담(於于野談)』의 저자 유몽인(柳夢寅)은 호랑이를 통해 사회를 비판하는 「호정문(虎穽文)」에서 때와 장소를 가리지 않는 호환(虎患)을 묘사했다.[33] 이 글의 내용처럼 행상이 지름길로 가다가, 나뭇꾼이 나무하고 꼴을 베다가, 아낙이 나물을 캐다가, 농부가 밭을 갈고 김을 매다가 호랑이를 만나는 일은 수시로 일어났다. 이익은 『성호사설』에서 호환이 "외적의 침공과 다를 바가 없다."라고 걱정했다.[34]

조선 조정은 호환을 막기 위해 일찍부터 많은 정책을 시행했다. 그 가운데 하나가 착호갑사(捉虎甲士)와 착호인이었다. 착호갑사는 서울, 착호인은 지방에서 호환을 방비했다. 군인이 활과 창을 들고 외적과 싸웠다면 착호갑사는 호랑이와 싸웠다. 착호갑사는 말 그대로 호랑이 잡는 특수 부대였다.

착호갑사는 1416년(태종 16년) 임시 조직으로 편성되었다. 이후 호랑이 사냥 실력을 인정받아 정식 부대가 되었다. 1421년(세종 3년)에

현존하는 조선 시대 최대 호랑이 그림. 한 변 약 2.2미터다.(국립중앙박물관 소장)

는 40명, 1425년(세종 7년)에 80명, 1428년(세종 10년)에 90명, 세조 때는 200명으로 크게 늘었다. 성종 때 완성한 법전 『경국대전(經國大典)』은 착호갑사의 수를 440명으로 명시했다.

착호갑사는 담력이 세고 무예가 출중한 군인으로 가려 뽑았다. 착호갑사가 되려면 180보 밖에서 목궁(木弓)을 한 발 이상 명중시켜야 했고 두 손에 각각 50근(30킬로그램)을 들고 100보 이상을 한 번에 가야 했다.

착호갑사는 다른 부대와 마찬가지로 활과 창으로 무장했다. 차이가 있다면 일반 부대는 휴대가 쉬운 각궁(角弓)을 썼으나 착호갑사는 크고 무거운 목궁이나 쇠뇌를 썼다는 점이다. 각궁은 휴대가 편했지만 목궁과 쇠뇌에 비해 살상력은 낮다. 반면 쇠뇌와 목궁은 무겁고 크지만 살상력이 뛰어나다. 특히 목궁은 대전(大箭)을 쏠 수 있어 호랑이 같은 덩치 큰 맹수를 상대하기 알맞다. 대전은 깃이 넓고 촉이 큰 화살이다. 대우전(大羽箭)이라고도 하는데, 길고 무거워 살상력은 높지만 사정거리가 짧다. 착호갑사는 호랑이를 추적해 근거리에서 쇠뇌나 목궁으로 저격했다. 상처를 입힌 다음에 가까이 다가가 창으로 급소를 찔렀다. 화살이 박힌 채 죽기 살기로 달려드는 호랑이가 많았으므로 착호갑사는 담력은 물론이고 창술(槍術)이 뛰어나야 했다.

착호갑사는 다년간 훈련을 통해 호흡을 맞춘 분대 단위로 활동했다. 호랑이가 출몰했다는 보고가 들어오면 산으로 들어가 며칠이고 호랑이의 자취를 뒤쫓았다. 덫을 놓고 호랑이가 다니는 길목에 매복하거나 발자국을 쫓는 게 착호갑사의 일상이었다.

무사히 사냥을 마치면 공격한 순서와 호랑이 크기에 따라 포상했다. 호랑이 크기는 대, 중, 소 세 등급으로 나누었다. 호랑이는 포악하고 덩치가 커 단번에 죽이기 어려웠다. 이를 고려해 세 번째 명중시킨 사람까지 포상했다. 물론 제일 먼저 명중시킨 사람이 가장 큰 상을 받았다. 또 호랑이에게 치명상을 입힌 착호갑사는 호랑이 가죽을 포상으로 받았다.

호랑이 가죽은 값비싼 사치품이었다. 인조 때 호랑이 가죽 한 장이 베 40~50필에 팔렸다. 연산군 때는 80필, 60여 년 뒤인 명종 때는 350~400필로 가격이 폭등했다. 그러다가 인조 때에 이르면 다시 40~50필로 하락했다. 1744년(영조 20년)에 간행한 『속대전(續大典)』에서 면포 한 필 가격을 두 냥으로 책정했다. 대짜 호랑이 가죽 한 장은 보통 100냥 정도였다. 서울의 초가집 한 채와 맞먹는 액수였다.

포상이 아무리 무거워도 목숨보다 더할 수는 없다. 착호갑사는 나라의 안위를 지키고 백성을 돌본다는 사명감이 없으면 할 수 없는 일이었다. 이 사명감이야말로 착호갑사가 목숨을 걸고 호랑이와 마주했던 이유였다. (홍)

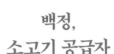

백정,
소고기 공급자

서울의 푸줏간과 여염집에서 불법으로 도살하는 소와 교외 및 강가
포구의 푸줏간에서 하루에 잡는 소가 몇백 마리나 됩니다. 팔도를
통틀어 계산하면 하루에 잡는 소가 수천 마리는 될 것입니다.

— 『충청병영계록』 1858년 7월 6일

백정은 고려 시대에 양수척(楊水尺), 화척(禾尺)으로 불렸다. 이들은
버들고리를 만들어 팔거나 사냥, 도축업 따위를 일삼으며 유랑 생활
을 했다. 몽고의 일족인 달단(韃靼) 등으로 이루어진 북방 유목민의
후예라는 설도 있다. 세종 때 이르러서야 동화 정책으로 호적에 편입
되어 백정(白丁)이 되었다.[35]

강도나 살인 사건의 범인을 잡으면 절반은 백정이었을 정도로 많은 범죄를 저지른 데다, 살생한다는 이유로 사람 대접을 받지 못하고 갖은 차별에 시달렸다. 그들은 유목민의 습속을 버리지 못해 농사에 적응하지 못하고 사냥이나 도축업에 종사했다. 결국 백정은 '소나 돼지를 잡는 사람'으로 의미가 굳어졌다.

소를 도축하려면 상당한 기술과 경험이 필요하다. 다치거나 죽을 위험도 있다. 백정들은 소를 잡는 도축장을 천궁(天宮)이라고 불렀다. 죄를 지어 땅으로 내려온 옥황상제의 자식을 하늘로 돌려보낸다고 믿었던 것이다. 도축은 승려가 독경하는 가운데 엄숙하게 진행되었다.

조선은 소를 중시했다. 장정 십여 명이 할 일을 소 한 마리가 했던 만큼 소는 농사에 필수적이었다. 기근이 들면 사람은 물론 소도 줄어든다. 소가 부족해 농사를 망치는 악순환이 계속된다. 조정에서는 소를 잡아먹지 못하게 하는 강력한 우금(牛禁) 정책을 시행했다. 그럼에도 불법으로 소를 잡는 일이 곳곳에서 자행되었다.

성균관 노비들이 살던 반촌(泮村)과 서울 안 스물네 곳, 전국 300여 고을에는 관에서 인정한 푸줏간(현방)이 있었다. 이곳에서 소를 잡아 고기를 팔 수 있는데 백정이 소속되어 일했다. 소를 잡으면 그 세금에 해당하는 현방속(懸房贖)을 납부했다. 고기를 팔 때는 한성부나 관에서 허가하는 표식을 붙였고 이를 감찰하는 관원도 있었다. 사사로이 고기를 잡아 팔면 무거운 벌금을 징수했다.[36]

정약용은 『목민심서』에서 농사에 쓸 소 500여 마리가 매일 전국에서 도살되니 씨가 마를 것이라 걱정했다.[37] 1858년 『충청병영계록』에서는 국가에서 공인한 푸줏간 외에 민가와 교외, 강가에서 하루에도 수천 마리가 도살된다고 했다. 5일에 한 번씩 잡는 것이 규정인데 많게는 한 사람이 1년에 100마리 넘게 잡았다고 하니 규정을 지키지 않는 경우가 태반이었다.

천천히 큰길을 걸어가니 고기 굽는 냄새가 집집마다 풍겼다. 시장에 등불이 그윽한데 백정은 소를 해체하고 있었다.

— 이덕무, 『청장관전서』[38]

이렇게 소를 많이 잡는데도 씨가 마르지 않은 것은 조선 후기로 갈수록 사육 두수가 급격히 늘어났기 때문이다. 박제가도 『북학의』에서 소고기가 너무 흔하다고 문제 삼았다. 조선 초 3만여 마리에 불과했던 소는 18세기 후반에 100만 마리가 넘었던 것으로 추정되며 이후로도 계속 늘어났다. 그러자 일반 백성들도 백정 일에 뛰어들기 시작했다. 소고기를 팔아 얻는 이익이 매우 컸기에 큰 부자가 된 사람도 많았다. 지방 수령과 하급 관리는 도살업자와 결탁해 고기를 얻었고, 심지어 왕족이 백정을 동원해 몰래 소를 잡아 고기를 팔다가 발각되어 처벌받기도 했다. 19세기 중엽에는 공공연히 도살이 행해져도 수령들은 세금만 받아 챙기고 엄하게 금하지 않았다.[39] 수령 입장에서는 손해 볼 것이 없기 때문이었다.

백정도 여러 종류다. 뼈와 살을 발라내는 거골장(去骨匠), 가죽을

「야연(野宴)」, 『성협풍속화첩(成夾風俗畵帖)』(국립중앙박물관 소장)

제거하는 거모장(去毛匠), 가죽으로 물건을 만드는 피장(皮匠)이 있다.
1894년 갑오개혁으로 백정은 사라졌으나 차별은 여전했다. 1923년에
는 참다못한 백정들이 차별을 없애 달라는 형평운동(衡平運動)을 일으
켰다.[40] 백정은 천시받았지만 그들 덕분에 조선 사람들은 마음 편히
소고기를 먹을 수 있었다. (김)

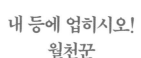

내 등에 업히시오!
월천꾼

강물은 깊고 세찬데 내 어깨 위에는 가마채로다.
술렁술렁 흐르던 물도 소용돌이치고 용을 쓰네.
해는 져서 어두운데 월천꾼 부르는 소리로구나.
깊고 어둔 밤 흐르는 물은 일만 짐승이 우짖는 듯.

— 월천꾼의 노래

산이 많은 조선, 강과 시내도 흔하다. 오가는 길손들은 강가 나루
터에서 뱃사공이 노를 젓는 나룻배를 타고 건넌다. 다리가 놓이지 않
은 시내는 어떻게 건널까?

시내를 건너다가 발을 헛디디거나 이끼에 미끄러지기라도 하면 물

에 빠져 낭패를 볼 위험이 있다. 건강한 젊은이라면 몰라도 노약자나 병자가 차가운 물에 빠지면 안 될 일이다. 여인들은 아무 데서나 신을 벗을 수 없다. 맨발을 보이는 것이 심각한 노출로 여겨지던 시절이다. 양반 남성들 역시 체면 때문에 발 벗기를 달가워하지 않았다.

월천꾼(越川軍)은 섭수꾼(涉水軍)이라고도 한다. 길손을 등에 업거나 목말을 태우고 시내를 건네준 뒤 품삯을 받았다. 가마나 무거운 짐도 옮겼다. 1837년 권뢰(權𤧚)는 서울 가는 길에 월천꾼을 썼는데 2~3전에서 4~5전 정도의 푼돈이 들었다고 했다.

"월천꾼에 난쟁이 빠지듯"이라는 속담처럼 월천꾼은 키 크고 힘센 장정이 할 수 있는 일이었다. 여러 가지 새를 사람의 직업과 연결하여 노래한 「백조요(百鳥謠)」에서는 "황새란 놈은 모가지가 길으니 월천꾼으로 돌려라"라고 하며 월천꾼을 황새에 빗대었다.

월천꾼은 평소 생업에 종사하다가 여름철 시냇물이 불어난 때나 얼음이 단단하게 얼기 전과 녹기 시작하는 대목에 주로 일했다. 거센 물살과 차가운 물을 이겨 내야 했던 만큼 쉬운 일은 아니었다. 늦은 밤 강가에서 월천꾼을 찾는 사람이 많았으니 사람이 많이 건너는 냇가 길목에서 고객을 기다렸을 것이다. 평소 그냥 건널 수 있는 곳도 물이 불어나면 위험 예방 차원에서 월천꾼을 썼다.

1682년 일본 통신사를 따라간 왜학역관(倭語譯官) 홍우재(洪禹載)는 물살이 센 아부천(阿部川)과 대정천(大井川)을 지날 때 수백 명의 일본인 월천꾼이 시내 가운데에 줄지어 서서 좌우에서 부축하며 건네주었다. 사람으로 다리를 만들었다고 할 만큼 극진한 대우였다.[41]

1828년 청나라로 연행을 다녀온 박사호(朴思浩)는 압록강과 요동의 여러 시내를 건널 적마다 월천꾼의 등에 업혔다. 얼었던 땅이 녹아 길이 질퍽거려서 조선 사행단은 거의 수레를 타지 못했다. 시내를 건널 적마다 인근 마을에서 월천꾼을 동원했다.[42]

월천꾼은 물이 새지 않도록 어깨까지 오는 가죽 바지를 만들어 입기도 했다. 발이 깨질 듯한 얼음물에 오래 있을 수 없으니 나름의 장비를 갖춘 것이다. 1804년 연행을 다녀온 이해응(李海應)은 가죽 바지를 입은 수십 명의 청나라 월천꾼들이 시내를 가로막은 얼음덩이를 부수고 평지를 오가듯 사람과 말을 건네주었다고 했다.[43]

숙종 때는 중국 사신을 맞이하는 접반사의 차비관을 맡은 윤두만(尹斗滿)과 월천꾼들이 함께 물살에 휩쓸려 빠져 죽은 사고가 일어났다. 영조와 정조는 제사에 쓸 물건을 옮기는데 시내가 불어나자 월천꾼의 도움을 받았다. 월천꾼을 쓰지 않고 물이 불어난 시내를 무리하며 건너다가 조정에 급히 보고할 문서를 빠뜨려 잃어버린 사건도 일어났다. 정조는 해당 지방관을 파직했다.[44] 변방의 급보가 자주 지나는 삼탄(三灘)에서는 인근 백성들에게 월천꾼의 임무를 맡겨 사시사철 대기하게 했다. 백성들은 고역을 견디기 어려워 스스로 비용을 내어 다리를 놓았다.[45]

한 개울을 지나는데 월천꾼이 있어 가죽 바지를 입고 물속에 서서 삯을 받고 사람을 건네준다. 나를 업고 개울로 들어가다가 얼음이 미끄러워 발이 미끄러져 나를 업은 채 물에 주저앉아 버렸으니 비록

맹분(孟賁)의 용기와 제갈공명(諸葛孔明)의 지혜를 가졌다 하더라도 이 지경에 이르러서는 어떻게 할 도리가 없었다.

— 박사호(朴思浩), 『심전고(心田稿)』

박사호를 업은 월천꾼은 얼음에 미끄러지면서 물에 주저앉았다. 월천꾼의 목을 끌어안고 당황하며 물에 빠진 그의 모습을 본 동료들은 배꼽이 빠지게 웃었다. 1868년 금강산으로 유람을 떠난 권숙(權潚)도 월천꾼에게 업혀 불어난 시내를 건너다가 물이 목까지 차올라 옷이 다 젖었던 일을 기행 가사에 남겼다.

한 여성을 업고 가는 남성의 모습이 보인다. 조선 말기 풍속화가 기산 김준근의 그림(숭실대 한국기독교박물관 제공)

월천꾼은 조선과 중국, 일본에서도 널리 활용된 서민들의 발이었다. 하지만 그들은 고객이 물에 빠지는 사태가 벌어지지 않는 한 기록에 자주 등장하지 않는다. 종을 부리는 이들은 종에게 업혔으며, 워낙 흔한 일꾼을 특별히 기록할 필요를 느끼지 않았기 때문이다. (김)

산 넘어 산,
심마니

산삼을 캐는 사람은 허가증을 받고 산에 들어가 풍찬노숙하며 가을
과 겨울을 보낸다. 범, 이리, 곰, 멧돼지를 만나서 여러 번 죽을 고비
를 넘기고 온갖 고생을 겪는다. 산에서 나오면 관원이 주머니와 품
속을 뒤진다. 산삼이 한 조각이라도 나오면 용서하지 않는다. 모조리
헐값으로 빼앗아 관청에 들이고, 진상한다는 핑계로 전부 제 주머니
를 채운다.

— 정약용, 『목민심서』

심마니라고 하면 망태기 하나 짊어지고 혼자서 산을 누비는 고독
한 자연인을 떠올리지만 심마니는 반드시 무리 지어 다닌다. 깊고 험

한 산속에서 짧게는 며칠, 길게는 몇 달 동안 먹고 자며 산삼을 찾는 일은 혼자서는 불가능하다. 산짐승도 무섭지만 더 무서운 것은 사람이다. 첩첩산중이니 무슨 해를 당할지 알 수 없다.

원래 허가 없이 산삼을 캐는 행위는 불법이다. 산삼을 캐려면 석냥을 내고 황첩(黃帖)이라는 허가증을 받아야 한다. 만약 허가증 없이 산삼을 캐면 잠상(潛商, 밀수꾼)으로 간주하여 체포된다. 산삼은 전부 몰수되고 사형까지 당할 수 있다.[46] 허가를 받지 않은 사람이 "나 심마니요." 하고 다닐 수는 없으니 남들이 알아듣지 못하는 은어를 쓰며 행동을 조심했던 것도 당연하다. 이 때문에 온갖 금기가 생겼다. 심마니가 산삼을 캐러 갈 때는 가족에게도 알리지 않는다. 입산 전부터 목욕재계하고 음식을 가리며 여자를 가까이하지 않는다. 산에 도착하면 산신령에게 제사부터 지낸다. 산삼을 캐기 위해서라기보다는 살아서 돌아오기 위해서다.

평안도 강계 심마니를 조사한 일제 강점기 민속학자 손진태에 따르면 심마니 무리는 철저한 계급 사회였다. 노련한 심마니가 '어인(御人)'이라는 우두머리 노릇을 하고, '소댕이'로 불리는 초보자는 잡일을 도맡았다. 자기들끼리만 통하는 말을 써서 보통 사람들은 알아듣지 못했다.

산삼을 캐는 시기는 처서(8월 말)부터 한로(10월 초)까지다. 붉은 열매나 독특한 잎 모양을 보고 찾는다. 산삼을 발견하면 "심봤다!"라고 외친다. 산삼은 무리 지어 자라므로 주위에 또 다른 산삼이 있을 가능성이 높다. "심봤다!"라고 외친 사람이 우선권을 갖는다. 그가 수색

을 마쳐야 나머지 심마니들의 차례가 온다.[47]

원래 우리나라 산삼은 나삼(羅蔘)을 으뜸으로 친다. 경주 일대에서 나는 산삼이다. 그다음이 평안도 강계의 강삼(江蔘), 함경도의 북삼(北蔘)이다. 중국산 호삼(胡蔘)은 최하품이다.[48] 그러나 나삼은 조선 후기에 오면 씨가 말라 버린다.

산삼이 많은 곳은 평안도와 함경도의 국경 지대다. 국경을 넘으면 더 많지만 발각되면 사형이다. 몰래 잠입하는 데 성공하더라도 또 다른 난관이 기다리고 있다. 중국 심마니다. 선단을 이루어 압록강을 거슬러 올라와 산삼을 캤는데 그 수가 수천 명이나 되었다. 이들은 총과 활로 무장하고 수십 명씩 떼 지어 다녔다. 사냥을 겸한다는 핑계였지만 조선군과 전투를 벌이거나 민가를 약탈하는 일도 서슴지 않았으니 산적이나 다름없었다. 조선 사람도 국경을 넘어 산삼을 캐다가 중국 사람과 충돌을 빚어 사상자를 내곤 했다. 외교 문제로 비화하는 일도 드물지 않았다. 그러나 산삼은 모든 위험을 무릅쓸 가치가 있었다.[49]

중국 심마니 말고도 조심해야 할 것이 또 있다. 동료 심마니다. 경기 영평의 심마니 김 씨는 동료 두 사람과 산삼을 캐러 백운산에 들어갔다가 절벽에 버려졌다. 동료들은 김 씨가 캐어서 올려 보낸 산삼만 챙겨 달아났다. 김 씨는 남은 산삼을 씹어 먹으며 버텼다. 이렇게 예닐곱 날을 보내자 느닷없이 구렁이 한 마리가 나타났다. 김 씨는 구렁이에 매달려 절벽을 올라왔다. 산을 내려가던 김 씨는 시신 두 구를 발견했다. 자기를 버리고 갔다가 독초를 먹고 죽은 동료 심마니였다.[50] 국가의 보호도 받지 못하고 동료조차 믿을 수 없는 심마니는 목숨을 건 직업이었다.

이렇게 고생해서 산삼을 캐도 심마니에게 돌아가는 몫은 별로 없었다. 인삼 상인은 헐값에 산삼을 사들여 사신단을 따라 중국에 가서 팔거나 동래 왜관의 일본인들에게 팔아 엄청난 이익을 보았다. 위험을 무릅쓰는 사람이 따로 있고 이득을 보는 사람이 따로 있는 것은 예나 지금이나 마찬가지다. (장)

심마니가 쓴 인삼곡괭이(국립민속박물관 소장)

산척,
탁월한 숲속의 사람

변방 백성 중에 조총을 잘 쏘는 자를 봤습니다. 호랑이가 삼사 간쯤에 있을 때 비로소 총을 쏘는데 명중시키지 못하는 사례가 없으니 묘기라 할 수 있습니다.

— 『승정원일기』 영조 즉위년(1725) 10월 15일

조선에서 중요하게 여긴 야생 동물이 두 가지 있다. 하나는 꿩, 다른 하나는 호랑이다. 꿩고기는 종묘 제례에 빠질 수 없는 물품이었다. 임금 생일이나 단오, 추석 등 큰 명절이 오면 꿩을 서른 마리씩 바쳤다. 꿩과 반대로 호랑이는 퇴치 대상이었다. 『영조실록』에 따르면 경기도에서만 한 달 동안 120명이 호랑이에게 물려 죽었다.[51] 꿩을 잡아

종묘에 제사를 올리고 호랑이를 물리쳐 민생을 돌보는 일은 똑같이 중대한 나랏일이었다.

꿩고기는 응사(鷹師)라는 매사냥꾼을 동원해 마련했다. "꿩 잡는 게 매"라는 속담이 있을 정도로 매는 꿩 사냥에 요긴했다. 때로는 산 채로 잡아야 했다. 신선한 고기를 얻기 위해서다. 하지만 꿩을 산 채로 잡기는 쉬운 일이 아니다. 매나 개를 쓸 수 없기 때문이다. 꿩을 산 채로 잡는 일에는 망패(網牌)가 나섰다. 망패는 그물을 다뤄 짐승을 포획하는 생포 전문 사냥꾼이었다. 망패는 짐승이 다니는 길목에 그 물을 쳐 꿩이나 사슴을 상처 없이 잡았다.

응사나 망패와 달리 민가에서 사냥을 생업으로 삼는 이들은 산척 (山尺)이라 불렀다. 임진왜란 이후 조총이 보급되면서 산척은 활을 버 리고 총을 들었다. 이들을 산행포수(山行砲手)라 불렀고, 이후로 사냥 꾼이라고 하면 으레 산행포수를 지칭했다.

산척 가운데서도 평안도 강계(江界) 지역 산행포수가 유명하다. 호 랑이 사냥꾼을 산척 중 으뜸으로 쳤는데, 평안도 강계에 호랑이 잡는 산행포수가 많았기 때문이다. 『숙종실록』에는 근교의 호랑이를 퇴치 할 목적으로 서북인(西北人, 평안도와 함경도 사람)을 뽑아 부대를 만들자 는 비변사(備邊司)의 건의가 보인다.[52] 개항 직후 함경도 원산항에서만 한 해 호랑이 가죽 500장이 거래되었다. 평안도와 함경도 산척의 실 력을 짐작할 만하다.

조선 사냥꾼 산척의 사격술은 외국인의 눈에 묘기로 비쳤다. 고종 의 고문을 역임한 윌리엄 샌즈는 『조선비망록』에서 산척을 "탁월한

김준근, 「포수산양가고」(숭실대학교 박물관)

숲속의 사람"이라고 치켜세웠다. 샌즈가 본 산척은 심지에 불을 붙여 격발하는 구식 화승총을 들고 호랑이나 곰 가까이 다가가 단발로 급소를 저격했다. 『승정원일기』에 언급된 산척도 실력이 출중했다.[53] 1간이 1.8미터 남짓 되었으니, 그 산척은 3~4간, 곧 5~6미터 거리까지 호랑이에 다가가 사격한 셈이다.

산간에 폭설이 내리면 짐승이나 사람이나 움직이기 어렵다. 이때 산척은 설피(雪皮)와 설마(雪馬)를 착용하고 사냥에 나섰다. 설피는 눈길에 빠지지 않도록 하는 덧신이다. 설마는 서양 스키와 똑같은 모양의 썰매로 짐승을 잽싸게 뒤쫓는 데 썼다.

이익은 『성호사설』에서 "산골짜기에 눈이 두껍게 쌓이기를 기다려 한 이틀 지난 뒤 나무로 말을 만든다. 두 머리는 위로 치켜들게 한다. 밑바닥에 기름을 칠한 뒤 사람이 올라타 높은 데서 아래로 달리면 빠르기가 나는 것과 같다."라고 적었다.[54] 『오주연문장전산고』에서는 설마 타는 소리가 우레 같아 호랑이가 이 소리를 들으면 옴짝달싹 못했다고 적었다.[55]

산척은 규율이 엄격했다. 산에 들어가기 전에는 아내와 잠자리를 하지 않았으며 상갓집에 조문도 가지 않았다. 몸을 청결하게 한 뒤 산으로 들어갔다. 짐승을 잡으면 반드시 혀나 귀 혹은 심장을 산신에게 바쳤다. 노루나 돼지를 잡으면 바로 귀와 혀를 끊어 나뭇잎에 싸 젓가락과 함께 높은 곳에 놓고 기도를 올렸다.

산척은 사격술이 뛰어났던 탓에 전란이 일어나면 우선 징집되었다. 프랑스가 강화도를 점령하자 우의정 유후조(柳厚祚)는 고종에게 산척을 차출해 싸우자고 주장했다. 산척은 평소 사냥터에서 생활하여 사격술이 예사롭지 않은 반면, 정규군 포수는 쌀만 축낸다는 것이었다.[56] 오래 훈련받은 정규군보다 사냥터에서 맹수를 상대로 갈고닦은 산척의 사격술을 더 높이 평가한 말이었다.

1907년 9월 3일 「총포화약류단속법」이 시행되었다. 그해 11월까지 구식 무기인 화승총, 칼, 창이 9만 9747점, 신식 소총 3766정이 압수되었다. 압수한 무기 가운데 화약과 탄약이 36만 4366근이나 되었다. 총류 대부분이 산척의 것이었다.

총을 빼앗긴 산척은 생업을 바꾸거나 국경을 넘어 간도로 이주했다. 총을 버리지 못해 국경을 넘었던 산척 상당수는 무장 독립군에 헌신했다. 혀를 내두를 사격술을 지니고 맹수와 싸우며 엄격한 규율에 따라 생활했던 산척이었기에 산악 전투에서 일본군에게 큰 타격을 가할 수 있었다. 일본군의 간담을 서늘케 했던 홍범도(洪範圖) 장군 역시 산척 출신이었다고 한다. (홍)

극락왕생하소서,
매골승

선조 27년(1594), 굶주린 백성이 대낮에 서로 잡아먹고 역병까지 겹쳐 죽은 자가 이어졌다. 수구문 밖에 그 시체를 쌓으니 성보다 높았다. 승려들을 모집하여 그들을 매장하니 이듬해에 끝났다.

— 이수광, 『지봉유설』

 조선 시대에는 전쟁이나 기근으로 길에서 죽은 사람을 누가 수습했을까? 바라보기조차 힘든 광경 속에서 손수 시신을 수습해 주는 매골승(埋骨僧)이 있었다.
 매골승의 기원은 고려까지 거슬러 올라간다. 당시 승려는 종교인이자 의술, 천문, 풍수 등 다양한 지식과 기술을 보유한 전문인이었다.

병든 사람들은 치료를 위해 의술이 뛰어난 승려를 찾기도 했다. 속세와 떨어진 사찰은 병자의 치료와 요양에 적합한 곳이었다. 불행히 죽더라도 극락왕생을 빌며 임종을 맞을 수 있었다.

매골승은 불교식 장례인 화장(火葬)을 주관하고 풍수에 맞게 묏자리를 잡아 주었다. 묘를 어떻게 쓰는가에 후손의 번성이 달렸다고 믿었던 당시에 매우 중요한 역할을 담당한 것이다. 고려 말의 요승(妖僧)으로 알려진 신돈(辛旽)도 원래는 매골승이었다.[57]

조선이 건국되자 매골승은 활인원(活人院) 소속의 관원이 된다. 활인원은 동대문 밖과 서소문 밖 두 곳에 있었는데, 사람을 살린다는 취지에 맞게 다양한 복지 사업을 펼쳤다. 매골승의 역할은 도성과 그 근방을 돌아다니며 버려진 시신을 수습해 주는 것이었다. 역병으로 죽은 시신은 전염될까 두려워 망자의 가족들조차 손대기를 꺼렸지만 매골승은 죽음을 무릅쓰고 시신을 수습했다. 그들은 국가에서 매월 곡식과 소금 등을 받았고 봄가을에는 면포 한 필을 지급받았다. 실적에 따라 관직을 제수받는 기회도 얻었다.

매골승의 업무가 급증하는 시기는 기근과 역병, 전쟁이 일어날 때다. 기근과 역병은 늘 함께 오는 친구였다. 기근이 발생하면 굶주린 이들은 희멀건 죽이라도 얻어먹을 수 있는 도성으로 몰려든다. 그러나 오랫동안 굶어 약해진 데다 먼 길을 걷느라 힘이 빠져 죽은 사람이 많은 탓에 도성과 그 근방에 시신이 쌓인다. 이들은 십중팔구 병을 앓았으니, 그로 인하여 역병도 창궐했던 것이다.

늙은 승려의 모습

1427년에는 기근으로 죽는 사람이 늘어나자 열 명이었던 매골승을 열여섯 명으로 늘린다.[58] 그럼에도 업무가 과중하여 이듬해 다시 네 명을 더 두어 매골승은 스무 명이 된다. 성군으로 불리는 세종 때였음에도 인원을 늘릴 수밖에 없는 상황이었다.

임진왜란 중인 1594년에도 굶주린 백성들이 서로 잡아먹는 일이 벌어졌다. 병자호란 이후의 상황은 한문 소설 『강도몽유록(江都夢遊錄)』에서 짐작할 수 있다. 주인공인 청허선사(淸虛禪師)는 청나라 군대에 의해 목숨을 잃은 강화도 백성의 시신을 수습해 주었다. 그는 꿈에서 귀신이 된 여인들의 억울한 하소연을 들었다.

불쌍한 우리 백성들은 반 넘게 적의 창칼에 죽었다. 저 강화도에서는 참살이 더욱 심하여 시내에 흐르는 것은 피요, 산에 쌓인 것은 뼈였지만 시신을 쪼아 먹는 까마귀만 있었지 장사 지내 줄 사람은 없었다. 청허선사는 주인 없는 시신을 불쌍히 여겨 하나라도 더 거두어 주려고 했다.

—『강도몽유록』

최소 수십만에서 100만여 명이 희생되었다는 1670~1671년의 경신대기근 때는 더욱 참혹했다. 가뭄, 냉해, 홍수, 역병이 잇달았다. 당시 노인들은 임진왜란보다 더한 참상이 벌어졌다며 탄식했다. 그렇게 쌓여 간 수많은 시신 역시 매골승을 비롯한 승려들을 동원하여 매장해 주었다. 1671년 10월 『승정원일기』에는 승군(僧軍) 200명을 불러 주인 없는 시신 6969구를 매장해 주었다는 기록이 있다.[59] 끔찍한 참상 속에서 시신을 수습해야 하는 그들의 고통이 어떠했을지 상상하기 어렵다. 당시에는 이미 매골승이 혁파되고 승군과 같은 조직에 시신을 수습하는 일을 맡겼던 것으로 보인다.

조선 후기에는 향도계(香徒契)라는 조합이 민간의 장례를 맡았다.[60] 하지만 대량의 사망자가 발생하는 경우라면 어김없이 승려들의 손을 빌릴 수밖에 없었다. 보통 사람이 할 수 있는 일이 아니었기 때문이다. 구천을 떠도는 원혼이 없기를 바라는 것이 부처의 마음이다. 매골승은 부처의 현신이 아니었을까? (김)

분뇨 처리업자
또는 예덕 선생

그 친구는 종본탑(宗本塔) 동편에 살면서 매일 마을의 똥을 져 나르
는 것을 업으로 하고 있었다. …… 아침이면 기쁜 마음으로 일어나서
바지게를 지고 마을을 돌아다니며 뒷간을 치는 것이다.

— 박지원, 「예덕선생전」

18세기 후반의 문인인 박지원, 이덕무, 이옥 등은 각자의 글에서
한양 가구 수를 8만 호라고 언급했다.[61] 1790년대 가구당 인구가 다
섯 명 내외였으니 18~19세기 초 한양은 인구가 40만 명이 넘는 대도
시로 추정된다. 전통 시대 도시의 인프라 중 마실 물, 땔감 등의 공급
과 더불어 매우 중요한 것이 배설물 처리다. 조선은 초기부터 이 문제

똥장수의 거름통

거름통을 실은 우마차(국립민속박물관 소장)

로 많은 고민을 했던 것으로 보인다.

　조선 시대 설화집 『태평한화골계전(太平閑話滑稽傳)』에는 오염된 물을 맑게 만들기 위한 대책을 다룬 1444년의 실제 상소문 내용이 발췌돼 있다. 분뇨로 인한 한양의 수질 오염과 개천에서 아무렇게나 대소변을 보는 문제로 고심한다는 내용이다. 또 18세기 후반 박제가의 『북학의(北學議)』에 실린 「똥거름」이라는 글은 한양 성내 사람과 동물의 분뇨로 인한 악취와 길가에 덕지덕지 붙은 똥 문제를 기록했다. 이처럼 인분뇨와 축산 폐수 처리는 녹록지 않은 문제였다. 그러나 문제 해결을 위한 정부 정책은 거의 보이지 않는다. 『태평한화골계전』은 집집마다 사람과 가축의 배설물을 모아 두는 통을 설치하고 이를 성밖에 버리는 방안을 제시했다. 시행됐다는 기록은 보이지 않지만 충분히 활용할 수 있는 방법으로 보인다.

　분뇨의 배출처로 가장 대표적인 곳이 공중화장실이다. 조선 시대 이에 대한 최초의 기록은 강희맹의 「요통설(溺桶說)」이다. 큰 시장의 으슥한 곳에 오줌통을 설치했는데 양반들이 이를 이용하면 불결하다는 비난을 받았다고 했다.[62] 15세기 조선의 수도 한양에 드디어 공중화장실이 등장한 것이다. 관이 주도하여 공공장소에 모여 있는 사람들에게 급한 볼일을 해결할 수 있게 했지만, 양반들에게는 공중화장실을 이용하는 것조차 욕먹고 창피한 일이었던 모양이다. 19세기 초지어진 것으로 추정되는 『진담록(陳談錄)』의 「방분(放糞)」에도 길가 옆에 화장실이 있었다는 기록이 등장한다.

　18세기 후반에 이르면 민간인 배설물 처리업자의 활동이 본격적으로 보이기 시작한다. 박지원의 단편 소설 「예덕선생전」은 사람과 동물의 배설물 처리가 직업인 사람의 이야기다. 주인공 엄 행수(行首)는 마을에 있는 온갖 똥을 져 나르는 일을 생업으로 삼은 분뇨 처리업자, 일명 똥 장수였다. 이 글에 묘사된 주인공 엄 행수의 생활을 통하여 18세기 분뇨 처리업자의 노동 시간과 취급 품목, 똥을 거래하는 고객에 이르기까지 많은 정보들을 확인할 수 있다.

엄 행수는 아침부터 저녁까지 마을을 돌아다니며 인분, 말똥, 쇠똥, 개똥, 닭똥, 거위똥, 돼지똥, 토끼똥을 가리지 않고 쓸어 담는다. 주요 고객은 채소를 재배하는 농가다. 왕십리 주변 무 재배 농가, 뚝섬 근처 순무 재배 농가, 서대문 밖 가지·오이·수박 재배 농가, 연희동 주변 고추·마늘·부추 재배 농가, 청파동 일대 미나리 재배 농가, 이태원 일대 토란 재배 농가 등등.

놀랍게도 그의 연봉은 6000전! 100전이 한 냥이었으니까 연봉이 무려 60냥이었던 셈이다. 18세기 후반 한양의 괜찮은 집 한 채가 약 50~60냥이었으므로 이 돈은 한양에서 좋은 집 한 채를 살 수 있는 금액이다. 사람들이 더럽고 천하다고 손가락질하는 직업치고는 꽤 돈벌이가 좋았던 모양이다.

엄 행수를 따라 18세기 말 한양의 거리를 걸으면 꽤나 흥미로운 보통 사람들의 일상과 다양하게 형성된 채소 재배 단지를 만날 수 있다. 특히 더러운 똥이 돈이 되는 것을 보며, 사람을 평가하는 올바른 기준도 얻게 된다. 박지원은 성실하고 묵묵히 자기 일을 하면서 솔직하고 검소하게 사는 엄 행수야말로 더러움 속에 자신의 덕행을 파묻은 속세의 은자라고 보았다.

박지원은 천한 일을 하는 엄 행수와 친하게 지낸다는 비난에 "선비는 가난이 얼굴에 묻어나도 부끄러운 일이지만, 출세하여 온몸에 표가 나는 것 또한 부끄러운 일"[63]이라고 반박했다. 그리고 18세기 조선의 분뇨 처리업자 엄 행수에게 더럽지만(穢) 덕(德)이 있다 하여 '예덕 선생'이라는 칭호를 바쳤다. (강)

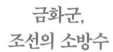

금화군,
조선의 소방수

도성 안에 금화(禁火)의 법을 담당하는 기관이 없어 백성들이 부주의로 화재를 일으키면 집이 타 버려 재산을 탕진하니, 그들의 목숨이 애석합니다.

—『세종실록』8년(1426) 2월 26일

1426년(세종 8년) 2월 15일 인순부(동궁에 딸린 관아)에 살던 노비의 집에서 일어난 화재는 거센 바람을 타고 민가와 관아 2000여 채를 태웠다. 이 사고로 32명이 숨지고 수많은 사람이 다쳤다. 이튿날에도 화재가 일어나 민가 200여 채가 또 불탔다. 당시 한양에 있던 가옥 1만 8000여 채 중에서 10분의 1이 넘게 불타 버린 큰 화재였다.

집의 주요 재료가 나무인 데다 지붕을 지푸라기로 엮어 덮은 초가집이 대부분이어서 불이 한번 붙으면 막을 방도가 없었다. "불이야!" 하는 소리에 사람들이 집 밖으로 뛰쳐나와 불을 끄는 데 정신을 파는 틈을 타 도둑질을 하려고 좀도둑이 일부러 불을 지르기도 했다. 밤 10시부터 새벽 4시까지 통행을 금지한 인정(人定) 제도는 밤에 돌아다니며 방화하고 도둑질하려는 사람을 막기 위한 것이기도 했다.

세종 때 기록에 따르면 서울에 화재가 한번 발생하면 100채 정도는 금세 타 버렸다고 하니 화마는 무서운 재앙이었다. 건축물 앞에 세워 둔 해태상이나 물과 얼음을 형상화한 다양한 그림과 부적, 담벼락의 무늬, 지붕의 치미(鴟尾)와 추녀마루에 세운 용두(龍頭), 방화수를 담아 두는 드므는 모두 화마를 막기 위한 것이었다. 드므는 궁궐 정전처럼 중요한 건물 네 모서리에 방화수를 담아 놓는 그릇을 말한다. 화마가 불을 내러 왔다가 드므에 비친 자신의 험상궂은 모습을 보고 놀라 도망간다고 믿었다.

크고 작은 화재가 잇따르자 세종은 조선 최초의 소방 기구인 금화도감(禁火都監)을 설치한다. 여기에 금화군(禁火軍) 또는 멸화군(滅火軍)이라 불리는 전문 소방수를 배속시켰다.[64] 이들은 종루(鐘樓, 종로 네거리 일대)에서 화재를 감시했고, 불길이 번지는 것을 막기 위한 방화벽을 설치하거나 화재를 진압하는 각종 도구를 준비했다. 또한 일정 구역마다 물을 담은 항아리를 비치하고 우물을 파도록 했으며, 집이 다닥다닥 붙어 있지 않도록 간격을 두고 도로를 넓히기 위해 민가를 철거하는 등 화재를 예방하기 위해 애썼다.

화재가 일어나면 금화군은 불을 꺼러 왔다는 신패(信牌)를 차고, 물을 떠 오는 역할을 맡은 급수비자(汲水婢子)와 함께 장비를 챙겨 현장으로 출동한다. 화재 진압 중에는 계속해서 종을 울렸고 불이 난 곳 근처에 높은 깃발을 세워 쉽게 찾을 수 있도록 했다. 금화군이 사용한 장비는 지붕으로 올라가기 위한 밧줄과 긴 사다리, 지붕의 기와나 짚을 걷어 내기 위한 쇠갈고리 따위였다. 도끼는 기둥을 찍어 건물을 무너뜨릴 때 사용했다. 또 물에 적신 커다란 장막으로 불이 난 곳과 그 주변을 덮어 두고 물을 계속 뿌려서 불을 끄고 불길이 번지는 것을 막았다. 장비가 열악할 뿐 아니라 목조 주택은 복구할 수가 없었기에 화재를 직접 진압하기보다 불이 난 건물을 무너뜨려 불길이 번지지 않도록 했던 것이다. 현대와 같이 물을 직접 뿌리는 방식의 수총기(水銃器)는 1723년(경종 3년)에 청나라에서 들여왔다.

세종 때 창설된 금화도감은 성문의 관리 업무를 추가로 맡아 수성금화사(修城禁火司)로 개편된다. 그러나 얼마 못 가 필요 없는 비용과 인원을 줄인다는 명목으로 혁파되고 소방 업무는 한성부에서 담당하게 되었다. 1467년(세조 13년)에 발생한 화재로 금화군을 50인으로 늘렸고, 1481년(성종 12년)에 다시 대규모 화재가 발생하자 금화도감의 재설치를 논의했지만 후속 조치는 없었다.[65]

갑오경장 이후 경무사(警務使)가 소방의 업무를 맡았다가 일제 강점기에 와서 소방서(消防署)라는 화재 전담 기구가 생겼다. 큰 화재가 일어났을 때만 잠깐 생겼다가 사라진 금화도감을 보면서 지금까지도 소방관에 대한 대우는 여전한 것이 아닌가 하는 의문이 생긴다. (김)

떼꾼,
떼돈 한번 벌어 보자

황새여울 된꼬까리에 떼를 지어 놓았네,
만지산 전산옥(全山玉)이야 술상 차려 놓게.
황새여울 된꼬까리 떼 무사히 지냈으니
영월덕포 공지갈보 술판을 닦아 놓게.
오늘 갈지 내일 갈지 뜬구름만 흘러도
팔당주막 들병장수야 술판 벌여 놓아라.

— 정선 뗏목 아리랑

조선 시대에는 소나무를 함부로 베지 못하도록 하는 송금(松禁)이
라는 제도가 있어 635곳의 봉산(封山)을 지정하여 보호했다. 소나무

는 건축재와 땔감에 관곽(棺槨)과 조선(造船) 등 수요가 많았으나 공급은 부족해서 집의 크기를 억지로 줄이는 정책을 펴기도 했다. 무릎을 겨우 들이는 좁은 집이라는 용슬(容膝)은 빈말이 아니었다. 성현(成俔)은 『용재총화』에서 사람들이 서울로 몰려들어 많은 집을 짓게 되자 압록강 일대에서까지 목재를 들여왔다고 했다.[66] 그 많은 목재를 어떻게 옮겼을까?

도로 사정이 좋지 않았던 당시에 물길은 지금의 고속 도로와 같이 활용되었다.[67] 목재는 매우 무겁지만 물에 떴으므로 나무를 엮어 물길 따라 내려보내는 것이 훨씬 효율적이었다. 조선 초부터 강원도와 충청도에서는 목재를 공물로 바쳤는데 이때 떼꾼은 물길로 떼(筏)를 옮기는 일을 했다. 『세종실록』에서는 강원도 백성들은 농한기가 되면 떼꾼을 하는 사람들이 많았는데, 순전히 떼꾼으로 업을 삼은 이도 있다고 했다. 그러나 강 연안에 사는 모리배들이 공갈을 쳐서 떼꾼이 옮기던 나무를 빼앗거나 대금 지급을 지연하고 헐값에 강매하는 일이 자주 발생했다. 세종은 실상을 조사해 폐단을 없애 주었다.

세조와 성종 때는 나라에서 쓸 목재도 부족하다는 이유로 사적인 벌채를 금지했다. 괜찮은 수입원이 사라진 강원도 백성들의 삶은 날로 궁핍해졌다. 농사만으로 한 해를 넘기기 어려웠던 현지 사정을 감안하지 않은 결과였다. 떼가 지나가는 길목에서 10분의 1의 세금을 거두는 시절도 있었다. 탐관오리들은 강원도의 산을 민둥산으로 만들 정도로 남벌을 일삼았으면서, 떼꾼들에게는 벌채가 금지되었다는 등의 명목으로 나무를 빼앗거나 가두어 매를 치고 속전(贖錢)까지 요구하면서 괴롭히기도 했다.

떼꾼의 작업은 나무를 베는 일부터 시작한다. 나무는 가을에 열두 자(4미터) 정도로 미리 베어 둔다. 이듬해 봄에 눈이 녹아 길이 미끄러워지면 산 아래의 강어귀로 내려보낸다. 떼는 열둘 내지 열다섯 동가리로 엮고, 이를 기차처럼 연결했다. 보통 30미터를 넘었으며 이것을 한 바닥이라고 부른다. 두 사람이 한 바닥의 떼를 운행했는데, 앞 사공은 물길을 잘 알아야 해서 경험이 풍부한 사람이 맡았고 뒷 사공은 키를 잡아야 하므로 힘 좋은 사람이 맡았다.

떼는 얼음이 녹는 4월경부터 다시 얼기 전인 음력 10월 말까지 내려보냈다. 출발할 때 떼꾼에게 얼마 분량의 나무가 내려간다는 도록을 적어 주고, 나무를 분실하면 배상 책임을 지웠다. 그러나 워낙 위험한 일이 많았기에 몇 동가리 정도의 손실은 눈감아 주었다.[68]

물이 많을 때는 강원도에서 서울까지 일주일이면 갈 수 있었지만 물이 적으면 한 달도 걸리곤 했다. 문제는 곳곳에 숨어 있는 돌부리와 여울이었다. 돌부리에 걸리면 떼를 묶은 부분이 찢어져 나무를 잃어버릴 수 있다. 물살이 센 여울에 휘말리면 '돼지꼬리 친다'라고 하여 뗏목이 돼지꼬리처럼 말리면서 묶은 곳이 몽땅 터져 버리게 된다. 이 경우 물에 빠져 죽을 수도 있었다. 떼꾼들에게 돼지꼬리 치라는 말은 금기어이자 아주 심한 욕이었다. 가장 위험한 여울은 평창의 황새 여울과 영월의 되꼬까리 여울이었다.[69]

위험한 일인 만큼 보상도 컸다. 1864년 흥선 대원군이 경복궁을 중건하면서 동강에서 한강 일대는 떼꾼으로 넘쳐났다. 당시 군수 월급

1930년대 압록강에 실려 온 뗏목

이 5원이었는데 떼를 한 번 타면 15원을 받았다고 한다. 많게는 1년에 일곱 번 이상을 왕복할 수 있었으니 농사 외에는 변변한 수입이 없던 사람들에게는 그야말로 떼돈을 벌 대박의 기회였다.

천질에 만 질에 떼 품을 팔아서
술집 갈보 치마 밑으로 다 들어가구 말았네.
돈 쓰던 남아가 돈 떨어지니
구시월 막바지에 서리 맞은 국화라.
술 잘 먹구 돈 잘 쓸 때는 금수강산일러니
술 안 먹구 돈 떨어지니 적막강산일세.

—「정선 뗏목 아리랑」

그렇다 보니 이들의 돈을 노리는 이들도 많았다. 남한강 가에 즐비한 주막에서는 떼꾼이 지날 때마다 작은 배를 타고 따라오며 술과 노래로 유혹했다. 큰돈을 벌어 씀씀이가 헤퍼진 떼꾼들은 주색에 빠지거나 노름판에서 힘들게 번 돈을 탕진하는 경우도 많았다. 어떤 이는 입던 바지까지 몽땅 빼앗기고 속옷 차림으로 고향에 돌아가기도 했다.[70]

떼꾼은 강에 다리가 놓이고 보가 설치되면서 점점 줄어들었고, 1960년대 말 팔당댐이 건설되어 물길이 끊기자 완전히 사라졌다. 지금은 떼꾼이 즐겨 부르던 아리랑만 남아 그들의 삶과 애환을 짐작해볼 수 있다. (김)

3부

예술의 세계

화폐 경제의 발달은 예술을 상품화했다. 예술가는 문화 상품을 생산하고, 대중이 이를 소비하면서 시장이 형성된다. 이 과정에서 직업적 예능인이 출현했다. 이들은 화려한 언변과 환상적인 몸놀림으로 사람들을 매료했다. 보통 사람이 쉽게 도달할 수 없는 재주는 보는 이들을 몰입하게 만들었다.

노래하는 가객, 조선의 대표적인 악기 해금 연주자와 함께 맹인 연주자 관현맹의 존재를 눈여겨볼 만하다. 전국을 유랑한 사당패는 연희를 선보여 생계를 유지했고, 전기수와 재담꾼은 이야기를 푸는 뛰어난 화술을 밑천으로 삼았다. 환술사의 마술 공연, 농후자의 원숭이 공연, 기객의 바둑 대국까지 자신만의 기예를 선보인 '예능인'들에게 사람들은 기꺼이 비용을 지불했다. 그 결과 조선 대중문화는 다양성과 수준을 갖추게 되었다.

기객,
프로 바둑 기사

대국 세 판이 진행되면서 승패와 유불리를 분간하기 힘들었다. 그럴 때면 구경꾼 모두 눈을 부릅뜨고 발을 구르며 그 형세를 돕고자 훈수를 두었다. 국수는 끝내 동요하지 않은 채 불리해도 막지 않고 유리해도 기뻐하지 않았다. 한결같이 법도에 따라 바둑을 두었다.

— 안중관, 『회와집』

한·중·일 세 나라는 바둑을 즐겼다. 조선은 중국이나 일본과 달리 바둑돌을 미리 깔아 놓고 공방하는 순장바둑을 주로 두었다. 김창업(金昌業)은 『노가재연행록(老稼齋燕行錄)』에서 중국인과 바둑을 두었던 경험을 이렇게 술회했다. "우리식과 같지만 대국을 시작하며 배자(排子, 돌을 미리 까는 것)를 하지 않는 점은 달랐다."[1]

삼국 시대부터 사랑받은 바둑은 조선 후기에 이르면 온 가족이 즐기는 놀이로 자리매김한다. 『소현성록』, 『유씨삼대록』, 『조씨삼대록』, 『명행정의록』 등 우리 고전 소설은 가족이 모여 대국하는 장면을 섬세하게 묘사한다. 이들 소설은 임금과 신하, 남녀 성 대결도 그리고 있어 조선 후기 바둑 열풍을 짐작케 한다.

바둑을 둔다고 쌀이 나오거나 떡이 나오지 않을 터. 그러나 바둑을 생업으로 삼는 이도 있었다. 영조 때 문인 유본학(柳本學)은 『문암유고(問菴文槁)』에 김석신(金錫信)에게 보내는 글을 남겼다.[2] 김석신은 국수(國手)로 손꼽혔으며 내기 바둑을 두어 딴 돈으로 생활했다. 김석신은 바둑으로 먹고사는 프로 기사(棋士)였던 셈이다.

그러나 내기 바둑만으로 생계를 꾸리기란 쉽지 않았다. 많은 바둑기사가 후원자를 두었다. 후원자가 있는 바둑 기사는 기객(棊客, 바둑을 두는 식객)이라 불렀다. 기객은 부호나 세력가에게 후원을 받으며 오직 바둑 기량을 갈고닦았다.

유명한 기객으로 김종귀(金鍾貴, 혹은 김종기(金鍾基)), 양익빈(梁益彬), 변흥평(卞興平), 정운창(鄭運昌) 등이 있다. 모두 한 시대를 풍미한 바둑기사다. 바둑 기사 가운데 최고봉에 오른 이는 국수 혹은 국기(國棋)라 불렸다. 국수의 반열에 오르면 조선을 대표하는 바둑 기사로 큰 영예를 누렸다.

이중 김종귀와 정운창은 여러 문인의 글에 심심찮게 등장한다. 두 사람은 시대를 풍미한 맞수였기 때문이다. 김종귀가 한발 먼저 국수

용과 호랑이를 나전으로 새긴 나전용호문바둑판(국립민속박물관 소장)

자리에 올랐고, 정운창은 김종귀를 누르고 새롭게 국수가 된다.

이서구(李書九)의 「기객소전(基客小傳)」에 따르면 정운창은 사촌 형에게 바둑을 배웠다. 어찌나 바둑에 몰두했던지 6년 동안 문밖을 나가지 않았다. 바둑돌을 손에 쥐면 자고 먹는 것조차 잊었다. 바둑을 가르치던 사촌 형이 그만하면 됐다며 말릴 정도였다. 그야말로 바둑에 몰입한 수련이었다. 정운창은 정조 때 문인 이옥이 지은 「정운창전(鄭運昌傳)」의 주인공이기도 하다. 정운창은 병치레가 잦았다고 한다. 또 10년간 매진한 끝에 오묘한 이치를 깨우쳤다고도 한다. 정운창이 유별난 구석이 있지만 다른 바둑 기사 역시 어려서부터 바둑에 매진했을 터였다.

6년 동안 방 안에서 바둑만 뒀다거나 10년 만에 묘리를 터득했다는 일화는 정운창이 지닌 승부사 기질과 집념을 보여 준다. 당시 직업으로서 기사가 존재했다는 방증이기도 하다. 다시 말해 당시 기사라는 직업이 있었던 까닭에 정운창은 각고의 노력으로 얻은 바둑 실력을 밥벌이로 삼아 세상에 나왔던 것이다.

신예 정운창과 국수 김종귀의 대국은 서울이 아닌 평양에서 이루어졌다. 김종귀의 후원자가 당시 평양 감사였기 때문이다. 정운창은 긴 수련 끝에 세상에 나와 단박에 국수 김종귀를 이겼다. 이로써 정운창은 평양 감사의 기객이 되었고 당대 여러 문인의 입에 오르내리는 기사가 되었다. 평양 감사는 정운창에게 백금(白金, 은화) 스무 냥을 곧바로 꺼내 주었다. 당시 서울에서 초가집 한 채를 살 만한 금액이었다.

실력 좋은 기사는 바둑 대회에 초빙되었다. 대회를 주최한 사람은 큰 상금을 걸었다. 또 대국 상황에 따라 즉흥적으로 고가의 상품을 내놓고 독려했다. 한 정승은 정운창이 최선을 다하지 않는다며 남원산 상화지(霜華紙, 광택 있고 질긴 고급 종이)를 상품으로 내걸었다.

냉혹한 승부의 세계였지만 바둑 기사는 서로를 예우했다. 선배를 몰아세우지 않는 대국을 미덕으로 여겼다. 정승이 개최한 바둑 대회에서 김종귀와 정운창은 다시 마주했다. 두 판을 연거푸 진 김종귀가 정운창에게 눈짓을 주었다. 마지막 세 판째에서 정운창은 일부러 실수를 거듭했다. 이미 승패는 정해졌으니 선배 김종귀의 체면을 세워 준 것이다. (홍)

농후자,
길거리 원숭이 공연가

별안간 꼭두각시가 무대에 올라오자
동방에 온 사신은 손뼉을 친다.
원숭이는 아녀자를 깜짝 놀라게 하더니
사람이 시키는 대로 절하고 꿇어앉았네.

別有傀儡登場手
勅使東來掌一抵
小猴眞堪嚇婦孺
受人意旨工拜跪

— 박제가, 「성시전도시」

　조선 후기에는 다양한 공연 문화가 꽃폈다. 원숭이 공연도 그중 하
나다. 원숭이가 재주를 부리는 공연을 후희(猴戲), 길들이고 조련하는
사람은 농후자(弄猴者)라고 불렀다. 농후자는 유랑 공연단의 일원이거
나 시장을 떠돌며 홀로 원숭이 재주를 팔았다.

본디 원숭이는 한반도에 서식하지 않지만 우리 민족은 일찍부터 원숭이를 키웠다. 고구려 고분(장천1호분) 벽화에 원숭이를 놀려 나무에 오르게 하는 장면이 있다. 『삼국유사』에 따르면 이차돈(異次頓)이 순교한 뒤 원숭이가 떼 지어 울었다고 한다.[3] 고려 문인 이인로(李仁老)는 『파한집(破閑集)』에 "지팡이를 짚고 청학동 찾아 나서는데 첩첩산중에 원숭이 울음소리뿐."이라는 시구를 남겼다.[4] 송징은(宋徵殷)의 『약헌집(約軒集)』에는 조선 전기 문인 최수성(崔壽峸)이 원숭이를 길러 편지를 전하는 데 썼다는 기록이 보인다.[5]

원숭이는 외교 선물로 이 땅에 들어왔다. 동물은 국가 간의 친선을 도모하는 수단이었다. 조선은 명나라에 매와 사냥개를 보냈다. 조선에 온 명나라 사신은 매번 사냥개를 달라고 졸랐다. 조선 사냥개가 워낙 뛰어났던 까닭에 명나라 무관 사이에서 큰 인기였다. 사냥개를 선물로 받아 간 사신은 본국에서 팔아 큰 이문을 남겼다. 태종은 친선을 위해 세자를 시켜 명나라 사신에게 사냥개를 한 마리씩 보냈고, 다음 날 만찬 자리에서 직접 두 마리씩 줬다.[6]

반대로 조선은 명나라와 일본에서 원숭이를 받았다. 일본은 원숭이를 많이 보냈다. 원숭이는 사복시(司僕寺) 관원이 맡아 키웠다. 태종 시절 원숭이 수가 크게 늘어 궁 밖으로 분양했다. 분양한 원숭이가 탈출해 도로 야생화하기도 했다. 『세종실록』에 따르면 제주 목사 김인(金裀)은 원숭이 여섯 마리를 잡아 길들여 후임 목사 이붕(李鵬)에게 인계했다.[7]

궁궐에서 기르는 원숭이는 좋은 대우를 받았다. 성종 때 사복시

염소를 곁에 둔 농후자가 원숭이 두 마리를 부려 후희를 공연하는 장면을 포착했다. 18세기 「태평성시도」(국립중앙박물관 소장)

관원은 혹한에 원숭이가 죽을까 봐 흙집을 지어 주고 사슴 가죽을 입히자고 청했다. 사슴 가죽을 옷으로 잘못 들은 조정 신료가 백성의 삶을 먼저 살펴야 한다며 '원숭이 옷'을 문제 삼기도 했다.[8]

조선 후기에 이르면 궁궐만이 아니라 저잣거리에서도 농후자가 공연을 벌였다. 조선 말기 문인 도한기(都漢基)는 『관헌집(管軒集)』에서 청나라 사람이 한양에 와서 연행하는 원숭이 공연을 봤다고 썼다.[9] 당시 공연은 원숭이의 습성을 이용한 것과 조련을 통해 익힌 기예를 선보이는 것 두 부류였다. 두 부류를 함께 공연하기도 했다.

습성을 이용한 공연은 원숭이가 높은 곳을 잘 오르는 점을 활용했다. 까마득히 높은 솟대를 세우고 그 끝에 먹이를 둔 다음 원숭이를 뛰어오르도록 했다. 오랜 조련이 필요하지 않았다. 다만 원숭이가 도망치지 못하게 목줄을 단단히 채웠다.

19세기 제작된 「태평성시도(太平城市圖)」를 보면 목줄을 맨 원숭이 두 마리를 높은 솟대에 오르게 하는 공연 장면이 있다. 이 장면에서 갓을 쓴 농후자는 염소를 곁에 두고 있다. 사람이 말을 타듯 원숭이가 염소를 타는 공연도 연행했을 터다.

박제가가 쓴 「성시전도시」 속 원숭이는 사람처럼 절하고 꿇어앉아 보는 사람을 놀라게 했다. 본래 습성과 상관없이 사람처럼 행동하도록 조련한 공연이었다. 중국 사신에게 선보일 만큼 진귀한 공연으로 자리매김했다.

농후자와 원숭이 사이는 어떠했을까? 조수삼의 『추재기이』에 '농후개자(弄猴丐子)'라는 인물이 나온다. 농후개자는 원숭이를 희롱하며 빌어먹는 사람이라는 뜻이다. 원숭이 공연으로 구걸하는 거지였던 셈이다.

농후개자는 원숭이 공연으로 돈을 벌 법했으나 거지 행색을 면하지 못했다. 벌이가 시원찮았기 때문이다. 보는 사람이 감탄하며 돈을 낼 만큼 기묘한 재주를 선보이려면 원숭이가 조련자 뜻대로 움직여야 한다. 혹독한 조련이 필요했으나 농후개자는 한 번도 채찍을 들지 않았다. 또 농후개자는 아무리 피곤해도 집으로 갈 때면 원숭이를 어깨에 올려놓았다.

나중에 농후개자가 죽자 원숭이는 배운 대로 사람처럼 울면서 절을 해 돈을 구걸했다. 이를 불쌍히 여긴 사람들은 돈을 추렴해 거지를 화장했다.[10] 시체가 반쯤 타자 원숭이는 구슬픈 울음소리를 내며 불길로 뛰어들었다. 농후개자와 원숭이는 사람과 짐승, 주인과 물건이 아닌 함께 살아가는 동료이자 반려자였다. (홍)

재담꾼,
스탠딩 코미디언

함북간(咸北間)이라는 자가 있다. 피리도 제법 불고 이야기와 광대놀이를 잘했다. 남의 생김새와 행동을 보기만 하면 바로 흉내 냈는데 누가 진짜고 가짜인지 분간하기 어려웠다. 또 입을 오므려 피리 소리를 냈는데 소리가 웅장해 몇 리까지 퍼졌다.

— 성현, 『용재총화』

　풍자를 섞어 가며 익살스럽게 이야기를 풀어놓는 공연 예술인 재담(才談)은 귀천을 떠나 큰 인기를 누렸다. 고담(古談), 덕담(德談), 신소리라고도 일컬었다. 재담을 펼치는 사람이 재담꾼이다. 재담꾼은 관중을 울리고 웃기는 일을 생업으로 삼은 전문 예능인이었다.

재담꾼은 무대 장치는 물론이고 분장도 없이 천의 얼굴을 연기했다. 갈고닦은 연기력에 더해 구기(口技)로 이야기를 생동감 있게 구연했다. 구기는 성대모사의 하나로 입으로 온갖 소리를 흉내 내는 기예다. 재담꾼은 구기로 이야기 속 호랑이도 되고 감정을 자극하는 배경 음악도 만들어 냈다.

조선 재담꾼의 구기 실력에는 말이 통하지 않는 외국인도 놀랄 정도였다. 1883년 12월 조선을 방문한 천문학자 퍼시벌 로런스 로웰은 고종의 배려로 화계사에서 공연을 관람했다. 이 공연에서 재담꾼은 몸짓과 목소리만 가지고 장님으로도 변하고 호랑이로도 변했다.

로웰은 그의 책에서 이렇게 회고했다. "공연은 아무런 무대 장치 없이 진행되었다. 배우가 마룻바닥에 그어 놓은 상상의 선과 가공인물인 양반 외에 아무것도 없었다. 그는 산속 여행자가 되어 갑자기 호랑이를 만났다. 배우는 찰나에 호랑이로 변했다. 으르렁대는 포효는 진짜 호랑이조차 따라가지 못할 만큼 무시무시했다. 관람객이 본능적으로 몸을 떨 만큼."[11] 로웰 앞에서 공연한 재담꾼의 실력이 어느 정도인지 짐작할 만하다.

이야기 실력보다 구기로 더 유명했던 재담꾼도 있다. 조수삼은 『추재집』에서 재담꾼 박뱁새를 두고 "협객 소굴 속 아름다운 음악에 우스개 이야기 따라붙는다. 형님은 황새, 아우는 뱁새라네."라고 읊었다.[12] 협객 소굴은 기방, 우스개 이야기는 재담이었다. 박뱁새는 기방에서 '우스개 이야기'를 공연하던 전문 재담꾼이었다. 껑충했던 형과 달리 그는 아주 왜소해 뱁새라고 불렸다. 재담꾼 박뱁새는 구기로 내는 생황, 통소, 거문고, 비파 소리로 합주(合奏)까지 할 실력자였다.

조선 최고 재담꾼은 누구일까? 정조 때 활약했던 이야깃주머니 김중진(金仲眞)이다. 김중진은 조수삼의 『추재집』, 김희령(金羲齡)의 『소은고(素隱稿)』, 유재건의 『이향견문록(里鄕見聞錄)』, 『청구야담(靑邱野談)』 이야기 속 주인공으로 나온다. 그는 「무숙이타령」에서 허재순과 함께 최고 이야기꾼으로 호명되기도 한다.

「무숙이타령」에 "노래 명창 황사진이, 가사 명창 백운학이, 이야기 일수 외무릅이, 거짓말 일수 허재순이"라는 가사가 있다. 이야기 일수, 즉 이야기 으뜸인 외무릅이가 바로 김중진(金仲眞)이다. 김중진은 젊은 나이에 이가 몽땅 빠졌던 터라 입을 늘 오물거렸다. 오물거리는 입 때문에 외무릅, 오물음(吳物音)이라는 별명이 붙었다.

김중진은 특히 '세 선비 소원담'을 잘했다. 그러나 같은 이야기도 계속 들으면 질리는 법. 김중진은 남다른 재치가 있어 즉흥적 재담에도 뛰어났다. 『청구야담』에 「재담을 잘했던 오물음이 인색한 양반을 풍자한 이야기(諷客客吳物音善諧)」가 있다. 이 야담 속 오물음 김중진은 종실 노인 앞에서 재담을 했다. 김중진은 즉흥적으로 유명한 구두쇠 이 동지(李同知) 이야기를 펼쳤다. 종실 노인이 이야기 속 자린고비 이 동지처럼 이름난 구두쇠였기 때문이다. 이야기 속 이 동지는 인색했던 지난날을 후회하며 저승에 빈손으로 간다는 사실을 밝히고자 관에 구멍을 뚫어 손을 밖으로 빼놓으라는 유언을 남겼다. 이야기를 들은 종실 노인은 깨달은 바가 있었다. 가족에게조차 인색했던 종실 노인은 모든 재산을 아들 넷에게 물려주었다.

1938년 서울 맹인 재담꾼의 모습(국립민속박물관 소장)

김중진은 구경꾼의 면면, 공연 장소, 분위기에 맞춰 입에서 나오는 대로 이야기를 펼쳤다. 그러면서도 세상을 풍자하며 교훈과 감동을 주었다. 유재건은 『이향견문록』에서 김희령의 『소은고』에 실린 평을 인용했다. "입에서 나오는 대로 사연을 늘어놓았으나 큰 진리를 비유했다."[13]

조선 사람을 웃고 울리던 재담은 일제 강점기 박춘재 명창을 통해 '재담소리'로 거듭났다. 박춘재 명창은 재담을 우리 전통 소리에 녹여 냈다. 박춘재의 재담소리는 정득만을 거쳐 백영춘 명창이 맥을 잇고 있다. (홍)

전기수,
소설 읽어 주는 남자

종로 담배 가게에서 소설 듣던 사람이 영웅이 실의하는 대목에 이르러 눈을 부릅뜨고 입에 거품을 물더니 담배 써는 칼로 소설책 읽어 주는 사람을 찔러 그 자리에서 죽였다고 한다.

—『정조실록』14년(1790) 8월 10일

18세기 조선은 소설에 빠졌다. 임금이 사는 궁궐에서 촌구석까지 소설을 즐기지 않는 곳이 없었다. 예나 지금이나 수요가 있으면 공급이 따르는 법. 당시 서울에는 열다섯 곳에 이르는 책 대여점, 즉 세책점(貰册店)이 성업했다.

세책점은 장편 소설을 여러 권으로 나눠 손님이 연거푸 빌리도록 만들었다. 사람들은 뒷이야기가 궁금했던 나머지 세책점을 들락거리다가 빚을 내는 데 이르렀다. 여인들은 비녀와 반지를 담보로 맡기고 소설을 빌렸다. 이덕무는 "이야기책을 탐독하여 가사를 방치하거나 여자가 할 일을 게을리해서는 안 될 터. 그런데 돈을 주고 빌려 보는 등 거기에 취미를 붙여 가산을 탕진하는 자까지 있다."라고 우려했다.[14] 사회적 문제로 보일 정도로 너나없이 소설에 깊이 빠져들었다.

세책점은 글을 알고 여유 있는 사람이 이용했다. 일반 백성이 들락거리기는 쉽지 않았다. 책값도 비쌌고 문맹자도 많았기 때문이다. 이런 현실에 맞춰 소설책 읽어 주는 일을 생업으로 삼는 사람이 생겼다. 이들은 전기수(傳奇叟)라고 불렸다.

전기수는 소설 낭독 전문가였다. 전기수는 억양을 바꾸고 몸짓을 곁들여 청중이 소설책에 빠져들게 만들었다. 워낙 실감 나게 낭독했던 탓에 전기수가 목숨을 잃는 일도 일어났다. 정조가 언급한 1790년의 살인 사건이 바로 그것이다.[15] 종로 담배 가게 살인 사건은 전기수가 『임경업전(林慶業傳)』을 낭독하다가 일어났다. 간신 김자점이 누명을 씌워 임경업 장군을 죽이는 대목에 이르자 곁에서 듣고 있던 사람이 칼로 전기수를 찔렀다. 그는 눈을 부릅뜨고 칼을 휘두르며 전기수에게 소리쳤다. "네가 김자점이렷다!" 낭독에 어찌나 몰입했던지 전기수를 『임경업전』 속 김자점으로 여겼던 것이다.

전기수는 저잣거리에 좌판을 깔거나 담배 가게 한쪽에서 목청 좋게 소설책을 낭독했다. 전기수가 소설책을 펼치면 누구나 원하는 시간만큼 들었다. 표를 받지도 않았고 좌석이 지정되지도 않았다. 멀찍

건조된 담뱃잎을 다듬고 잘라 판매한 담배 가게의 모습. 전기수로 추정되는 그림 하단의 남자가 부채를 부치며 책을 읽고 있다. 김홍도, 「담배 썰기」, 『단원풍속도첩』(국립중앙박물관 소장)

이서 들고 떠나도 그만이었다. 전기수의 낭독은 말 그대로 공짜였다.

우리 속담에 "공짜면 양잿물도 큰 잔으로 먹는다."라고 했다. 이토록 공짜를 좋아하는 사람들 사이에서 전기수는 어떻게 돈을 벌었을까? 조수삼은 『추재집』에 전기수가 돈을 버는 비법을 써 놓았다. 『추재집』 속 전기수는 고전 소설 『숙향전』, 『소대성전』, 『심청전』, 『설인귀전』을 낭독하며 요전법(邀錢法, 돈 얻는 법)이라는 기술을 썼다. 전기수가 요전법을 쓰면 청중은 돈을 내지 않을 수 없었다. 조수삼은 요전법을 두고 묘한 기술이라고 평했다.

요전법의 핵심은 침묵에 있다. 심청과 심봉사가 다시 만날 때, 이몽룡과 춘향이 옷고름을 풀 때처럼 다음이 몹시 궁금한 대목에서 전기수는 돌연 침묵했다. 청중은 몹시 답답했을 터, 앞다투어 돈을 던졌다. 전기수는 돈이 웬만큼 쌓였다 싶으면 언제 그랬냐는 듯 목청을 돋우며 다시 맛깔난 낭독을 선뵀었다. 이를 두고 조수삼은 "말을 많이 하되 잠깐잠깐 침묵하는 게 돈 던지게 하는 비법, 묘리는 사람들이 빨리빨리 듣고 싶어 하는 대목에 있다네."라고 평했다.[16]

일정한 금액을 받으며 부유층을 상대한 전기수도 있다. 고전 소설 『요로원야화기』 속 전기수 김호주(金戶主)는 부유한 집안을 드나들며 낭독했다. 청중의 마음을 사로잡는 솜씨 덕에 김호주는 집을 살 만큼 돈을 벌었다.[17] 그의 낭독은 듣는 이가 돈을 아끼지 않을 만큼 대단했다.

영조 때 무관 구수훈(具樹勳)이 지은 『이순록(二旬錄)』 속 전기수는 용모가 고왔다. 한번 들으면 다시 찾지 않고 못 배길 만큼 낭독 솜씨도 빼어났다. 고운 용모에 혼을 쏙 빼 놓는 낭독 솜씨 덕분에 그는 대감집 안방마님들 사이에 이른바 잘나가는 유명인이 되었다. 이 전기수는 곱상한 외모에 맞춰 여장을 하고 양반집 안방을 들락거렸다. 안방마님 여럿과 부적절한 관계를 맺던 그는 포도대장 장붕익(張鵬翼)에게 체포되어 비참한 최후를 맞았다.[18]

소설을 암송하는 전기수도 있었다. 이들은 중국 소설 번역본을 암송해 청중을 사로잡았다. 조선 후기 문인 유경종(柳慶種)은 『해암고(海巖稿)』에서 전기수의 『서유기』 암송을 듣고 표현력과 암기력에 감탄했던 일을 썼다.[19] 유경종이 만난 전기수는 한자어와 한글을 적당히 섞어 가며 『서유기』를 암송했다.

소설책 한 권은 전기수를 통해 열 사람, 백 사람 귀로 들어갔다. 조선 시대 저잣거리를 오가던 남녀노소는 전기수가 들려주는 이야기에 귀를 기울이며 때로는 즐거워하고 때로는 분노했다. 전기수는 예능인이었고 지식의 전달자였으며 공론장의 구심점이었다. (홍)

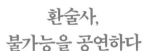

환술사,
불가능을 공연하다

주머니를 열고는 더듬어 보게 했으므로 손을 넣어 더듬었습니다. 그
랬더니 동전 다섯 닢만 있었는데 조금 있다가 맨손으로 그 주머니를
열고 움켜 낸 동전이 쉰 닢에 가까웠습니다. 그 돈을 다시 거두어 주
머니에 넣게 한 뒤 사람을 시켜 다시 더듬게 했더니 또 다섯 닢만 있
었습니다.

— 『영조실록』 39년(1763) 1월 30일

12세기 일본에서 출간된 『신서고악도(信西古樂圖)』는 당나라 시절
유행한 공연을 기록한 책이다. 여기에 신라 공연도 나온다. 항아리에
들어가 춤을 추는 '입호무(入壺舞)'다. 단순한 듯하지만 그렇지 않다.

탁자 두 개, 항아리도 두 개지만 무희는 한 명이다. 무희는 이쪽 탁자에 놓인 항아리로 들어가 저쪽 탁자에 놓인 항아리로 나온다. 신라 입호무는 요즘 마술사가 선뵈는 공간 이동 마술의 원조다.

조선에서는 마술을 환술(幻術), 마술 공연을 환희(幻戲), 마술사를 환술사(幻術士)라 일컬었다. 환술사는 여러 장치와 숙달된 손놀림으로 불가능할 것 같은 일을 눈앞에 선보여 관중을 현혹하고 놀라게 했다.

환희는 진귀한 공연이었으나 남을 속이고 놀래는 좋지 않은 재주로 치부되었다. 이러한 통념 때문에 유학자는 환희를 멀리해야 할 것으로 여겼다. 신라, 고려를 거치며 꽃핀 환술은 조선에 이르러 쇠퇴했다. 홍문관 부제학 이맹현(李孟賢)은 성종(成宗)이 중국 시신을 따라온 환술사의 환희를 즐기자 보지 말 것을 청했다.[20] 허균(許筠)의 형 허봉(許篈)은 연행을 가서 중국의 환술 공연을 보고 부정적 인상을 받았다. "오늘 잡희(雜戲)를 벌인 사람은 패옥(佩玉)을 꺼내기도 하고 빈 그릇 가득 꽃을 피우기도 했으니 이는 필시 환술이다. 그러나 우리들은 현혹되어 그 속임수를 간파하지 못했으니 불교의 거짓을 간파한 당나라 사람 부혁(傅奕)에게 부끄럽다."[21]

16세기 실존 인물 전우치(田禹治)도 유명한 환술사였다. 조선 후기 문인 홍만종(洪萬鍾)은 전우치를 우리나라 도맥(道脈)을 잇는 도사로 꼽아 『해동이적(海東異蹟)』에 실었지만, 다른 문인들은 그를 환술사로 여겼다. 『어우야담』을 남긴 유몽인은 전우치를 진짜 도사에 미치지 못하는 환술사로 기록했다.

전우치는 다양한 환술을 구사했다. 아무런 도구 없이 밧줄을 세워

하늘나라 복숭아를 따 왔고, 밥알을 불어 많은 나비를 만들어 날렸다. 밧줄을 타고 올라간 아이가 땅에 떨어지자 사지를 다시 맞춰 걷게 하는 환술도 선보였다.[22] 전우치가 보여 준 환술은 요즘 마술사가 부채로 부처 손바닥에서 작은 종이를 무수히 날리는 마술, 사람을 자르고 다시 붙이는 인체 절단 마술과 비슷하다.

부정적 통념 때문에 많은 환술사가 음지로 숨어들었다. 음지에 들어간 환술사는 환술을 이용해 사기 행각을 벌이기도 했다. 조선 후기 문인 서유영(徐有英)의 『금계필담(錦溪筆談)』에 나오는 환술사는 거지 꼴을 하고 다녔으나 환술을 써서 진탕 먹고 마셨다. 그는 기방에 들어가 소매에서 돈을 줄줄이 꺼냈다. 돈을 본 기녀가 술상을 잘 차려 내오자 거지 환술사는 신나게 먹고 마셨다. 먹을 만큼 먹은 거지 환술사는 최면술로 기생을 옴짝달싹 못 하게 만든 뒤 유유히 떠났다.[23] 입이나 소매에서 물건을 계속 꺼내거나 최면술을 이용한 마술은 요즘도 볼 수 있다. 거지 환술사 입장에서 본다면 환희를 보여 주고 그 값으로 술을 뺏어 먹은 셈이었다.

환술은 공연으로 정착하며 남사당패 공연의 한 꼭지로 자리매김했다. 남사당패 공연에서 각 연희의 선임자를 '뜬쇠'라 부르는데 열네 명 내외의 뜬쇠 가운데 '얼른쇠'가 있다. 얼른쇠가 바로 환술사다. 얼른쇠 공연은 일실되어 전모는 알 수 없다. 우리말 가운데 '얼른번쩍'은 빠르게 나타났다 없어졌다 하는 것을 일컫는다. 얼른쇠는 아마도 물건을 순간적으로 보였다 없앴다 하는 환술을 선보였을 법하다. 전문 예능 집단의 선임 환술사였으니 얼른쇠는 『금계필담』의 거지 환술사와 『어우야담』의 전우치가 선보인 환술 역시 어렵지 않게 부렸을 것이다.

불가능할 듯한 일을 눈앞에 보이는 공연이라는 점에서 환술사와 차력사는 닮은꼴이었다. 차력사 역시 환술사처럼 불가능한 일을 해내는 볼거리로 밥벌이를 했다. 조수삼의 『추재집』에 나오는 '돌 깨는 사람'도 그중 하나다.[24] 돌 깨는 사람은 석공이 아니라 차력사다. 그는 구경꾼이 모여들기를 기다렸다가 웬만큼 모였다 싶으면 팔뚝 굵기의 차돌을 깼다. 단단한 차돌을 맨손으로 깨는데 단 한 번도 실패가 없었다. 의심 많은 사람이 도끼로 내리쳐 보았지만 차돌은 멀쩡했다. 구경꾼은 이 차력사를 두고 신선술을 익히는 사람이라고 수군거렸다.

환술사와 차력사는 사람을 놀라게 했다. 놀래는 데서 그치지 않고 보는 이를 즐겁게 만들었다. 조선은 예의와 범절을 중시하는 엄숙한 나라였지만 엄숙한 조선의 백성은 환술사와 차력사 덕분에 가끔 왁자지껄 놀라고 웃을 수 있었다. (홍)

가객,
나는 조선의 가수다

눈을 찔러 장님 된 악사 사광(師曠)이던가　　　史傳師曠刺爲盲
동방의 가곡 스물 네 소리를 모두 통달했다네.　歌曲東方卄四聲
가득 모여 백 전 되면 술에 취해서 가니　　　　滿得百錢扶醉去
어찌 반드시 서평군을 부러워하랴.　　　　　從容何必羨君平

—조수삼, 「장님 악사 손 씨」

　드라마에서 시작된 한류는 방탄소년단을 기점으로 한류 4.0시대를 맞이하고 있다. 대중음악이 전 세계를 열광시키는 한류의 중심이 된 것이다. 《월스트리트저널》에서는 "현재 세계에서 한류만큼 성공한 대중문화를 찾기 힘들다."라는 평을 내놓았다. 1700여 년 전 중국의

『삼국지(三國志)』「위서(魏書) 동이전(東夷傳)」에서 "음주가무를 좋아하고 일상생활에서 노래를 즐겼다."라고 한 기록이 연상된다. 고대 사회부터 이어졌던 이러한 특성은 조선 시대를 거치면서 전문화와 직업화의 길에 들어선다.

가곡, 시조, 가사 따위를 노래로 부르는 조선 시대의 전업 가수를 가객(歌客)이라 한다. 주로 남자를 지칭한다. 기녀도 노래를 불렀지만 기녀는 노래 외에도 하는 일이 많았으므로 전업 가수라고 보기는 어렵다. 조선 시대 사대부들은 개인 소유의 가비(歌婢)나 가동(歌童)을 두고 노래를 즐기기도 했다. 가비와 가동은 신분적으로나 경제적으로 사대부에게 예속된 존재였으므로 독자적인 활동은 불가능했다. 직업적인 가객은 17세기 이후에 출현한 것으로 알려져 있으며 18세기 전후로 전성기를 맞이했다.

김천택의 시조집 『청구영언』에는 당시 가객으로 명성이 높았던 여항육인(閭巷六人)이 등장한다. 장현, 주의정, 김삼현, 김성기, 김유기, 김천택이 그들이다. 『해동가요』에는 '고금 창가 제씨(古今唱歌諸氏)' 56명의 명단이 실려 있다. 조선 시대 전문 가객의 명단이다. 박효관과 안민영이 편찬한 『가곡원류』에서는 편시조 명창과 판소리 명창을 비롯한 40여 명의 기녀를 소개했다. 박효관을 중심으로 가객, 호걸, 노래를 즐기는 사람들이 승평계와 노인계를 조직해서 풍류를 즐겼다. 성대중이 지은 『해총(海叢)』에는 서울의 3대 가객 중 한 사람이었던 유송년(柳松年)의 이야기가 실려 있다. 한량으로 지내면서 노래가 좋아 막대한 가산을 탕진했는데, 주로 평안북도 선천(宣川) 지역에서 활동

국립한글박물관에서 소장 중인 『청구영언』(1728)

하던 유명한 가객 계함장(桂含章)을 데리고 평안도 일대를 유람했다. 그 과정에서 유송년의 노래 실력이 크게 좋아져 스스로 무적이라 자부했고 주변에서도 그의 노래를 흠모했다.

하지만 이러한 기록에는 가객의 일상과 풍류의 구체적인 실상이 잘 드러나지 않는다. 가객의 일상이 비교적 자세히 묘사된 글은 한문 단편이다. 이옥이 지은 「노래하는 송실솔 이야기(歌者宋蟋蟀傳)」가 대표적이다.

송실솔은 서울에 사는 가객이었다. 「실솔곡(蟋蟀曲)」이라는 노래를 잘 불러서 '실솔'이라는 별명이 붙었다. 폭포 아래, 산꼭대기를 찾아다니며 노래 솜씨를 갈고닦은 그는 마침내 사물과 자연을 움직이며 각

조선잡사

종 악기에 잘 어울릴 정도로 득음의 경지에 이른다. 송실솔이 노래를 부르면 사람들이 모두 귀를 기울이며 공중을 바라보았다.

특히 왕실의 후손이자 외교관, 갑부로 음악에 조예가 깊었던 서평군(西平君) 이요(李橈)가 송실솔의 노래에 흥미를 보였다. 그는 송실솔의 노래가 자신의 반주에 어울리는지 시험해 보았는데 송실솔은 보기 좋게 실력을 증명해 보인다. 음악을 담당하는 노비만 10여 명을 양성하고 가무에 뛰어난 여성만 첩으로 삼은 서평군을 감동시켰다는 것은 송실솔의 노래가 보통이 아니었다는 사실을 증명한다.

가객의 노래는 신분이 높고 부유한 사람만 향유할 수 있었으므로 공연료 역시 만만찮았겠지만 자세한 기록이 없다. 18세기 한양의 대표적인 버스커 손 씨의 사례에서 생계형 가수의 수입을 추정할 뿐이다. 손 씨는 우조(羽調)와 계면조(界面調)를 비롯한 스물네 가지 노래에 모두 능통했다. 그의 노래가 절정에 이르면 감상하던 사람들이 던지는 엽전이 비처럼 쏟아졌는데, 열 냥 정도가 모이면 곧 일어나 떠나곤 했다. 쌀 한 가마가 두석 냥이던 시절이었으니 버스킹으로 올린 열 냥의 수입은 결코 적은 액수가 아니었다. 부잣집과 왕실 행사의 공연료 역시 상당한 수준이었을 것으로 추정된다. 조선 시대 가객의 노래는 사치스러운 문화 상품이었던 것이다. (강)

사당패,
웃음을 팝니다

서울 이남에 무당 같으면서 무당이 아니고, 광대 같으면서 광대가 아니고, 비렁뱅이 같으면서 비렁뱅이가 아닌 자들이 있어 떼 지어 다니며 음란한 짓을 한다.

— 이옥, 「사당(社黨)」

조선 시대 유랑하며 공연을 선보여 먹고사는 무리를 사당패라 불렀다. 사당패의 기원은 재승(才僧)이다.[25] 재승은 사찰에서 열리는 불교 행사에서 각종 공연을 보여 주는 승려로 불경 간행, 법당 중수, 비석 건립 등에 쓰일 비용을 마련하기 위해 절 밖으로 나와 공연을 했다. 신라 때 원효(元曉)는 파계한 이후 재승이 되어 전국을 돌아다니며 무애희(無碍戲)로 중생을 교화했다. 고려 시대에는 연등회, 우란분재와 같은 불교 행사에서 재승을 비롯한 사당패가 여러 가지 연희를 베풀었다. 힘들게 살아가다가 억울하게 죽어 간 불쌍한 영혼을 위로하는 취지로 수륙재(水陸齋)를 거행할 때 걸어 두는 감로탱(甘露幀)에는 사당패의 연희 장면이 생생하게 그려져 있다.

사중(四衆)에 속하는 남자 재가신도 우바새(優婆塞)와 여자 재가신도 우바이(優婆夷)를 조선에서는 거사(居士)와 사당(社堂)이라고 불렀다.[26] 사당은 사찰에 딸린 노비나 광대를 가리키기도 한다. 비구니와 버림받아 갈 곳 없는 여인들은 각 지역에 세워진 사당(社堂)에 모여 살았는데 그곳에 사는 여인을 뜻하게 되었다. 이들은 여사당(女寺黨) 또는 사당(寺堂) 등으로도 불렸으니 모두 불교와 깊은 관계가 있다.[27]

사당은 무리 지어 유랑하면서 연희를 베풀어 돈을 벌었고, 날씨가 추워지면 본거지인 사찰로 돌아가 겨울을 나면서 기예를 연마했다. 안성의 남사당패와 청룡사(青龍寺)의 관계는 유명하다. 이들은 어느 절에서 왔다는 사찰의 신표(信標)를 들고 다니며 연희를 베풀고 부적을 팔았다.

남자는 거사가 되고 여자는 사당이라 칭하며 본분의 일을 일삼지 않고 승복을 걸치고 걸식하며 서로를 유인하여 그 무리들이 번성하고 있습니다. 그런데도 관가에서 금단하지 않으므로 백성 태반이 떠돌아다니며 살아가 도로에 줄을 잇고 산골짜기에 가득합니다. 적게는 백여 명, 많게는 천여 명이 무리를 이루게 되었습니다.[28]

1607년(선조 40년) 사헌부 상소를 통해 임진왜란 이후에는 삶의 터전을 잃은 사람들이 사찰로 흘러들어 사당패가 늘어났음을 확인할 수 있다. 명색은 사당패지만 그야말로 오갈 데 없는 유랑민이었다. 생활이 어려워진 사당패는 가무희(歌舞戱)를 앞세우고 뒤에서는 몸을 팔았다. 모갑(某甲)이라는 서방 격의 남자와 거사라는 남자들이 각각 사당 한 명과 짝을 맞춰 사당을 착취하면서 살아갔다.

이런 이유로 조선 시대 문인들의 기록은 사당패에 부정적이다. 이옥은 남자들을 농락하며 온갖 꾀로 돈을 요구하는 이 사람들의 정체를 도대체 모르겠다고 했다. 벗 송생(宋生)이 사당과 동침하면서 혼쭐낸 이야기도 전했다.[29] 정약용은 『목민심서』에서 창고를 관리하는 자가 멀리해야 할 무리로 사당을 첫째로 꼽았다. 이긍익은 『연려실기술』에서 사당패를 줄이는 정책을 제안했다. 그러나 이미 선조 때 사당패를 관노비로 거두거나 북방 지역에 이주시키려 했음에도 실효를 거두지 못했다.

조선 후기에 이르면 사당패는 본거지와 특기에 따라 걸립패, 솟대쟁이패, 광대패, 굿중패 등의 다양한 유랑 예인 집단으로 분화했다가 다시 남사당패로 통합되었다. 이들은 자기들만의 독특한 은어를 사용했다.[30] 남사당패는 꼭두쇠를 중심으로 농악 연주인 풍물, 대접을 돌리는 묘기인 버나, 땅재주를 넘는 살판, 줄타기인 어름, 가면극인 덧뵈기, 꼭두각시놀이인 덜미를 펼쳤다. 초라니패는 집집마다 들러 장구를 치며 「고사소리」를 불러 주었다. 굿중패는 승려가 직접 연희에 참여하여 꽹과리를 치고 염불을 외우며 공연을 했다. 풍각쟁이패는 판

김홍도, 「사계풍속도병」 중에서 사당패 놀음 부분

소리, 퉁소, 북, 가야금, 해금 등의 악기를 연주하며 검무도 선보였다. 대광대패는 낙동강 일대에서 활동했고, 솟대쟁이패는 경상도 진양이 본거지였다. 솟대쟁이패는 1910년대 후반 《매일신보》에 공연을 한다는 광고를 낼 정도로 인기를 누렸다. 이들의 재주가 무형 문화재로 인정되어 지금까지 전해지고 있다.

세상을 떠돌며 사람들에게 웃음을 팔며 살아갔지만 정작 자기들은 웃을 일이 많지 않았다. 젊은 나이에 지팡이를 짚은 채 잘 걷지도 못하거나 얼굴이 헐어 딱지가 가득했다고 하니, 공연 중 발생한 사고나 성병을 비롯한 여러 질병에 시달리다가 일찍 세상을 떠난 것으로 보인다. 이들을 감로탱의 주인공 삼은 것은 힘든 삶을 살아갔던 영혼을 위로함이 아니었을까. (김)

관현맹,
소리를 보는 맹인

옛날 임금들은 장님을 악사로 삼아 음악을 연주하는 임무를 맡겼습
니다. 그들은 볼 수 없는 대신 음률을 잘 알았기 때문이며, 또 이 세
상에는 버릴 사람이 없기 때문이었습니다.

—『세종실록』 13년(1431) 12월 25일

조선 시대의 맹인은 할 수 있는 일이 많지 않았다. 점을 치고 경전
을 외우는 판수가 되거나 침과 뜸을 놓으며 생계를 이었다. 악기를
연주하기도 했는데 눈이 보이지 않는 대신 소리에 민감하기 때문이었
다. 맹인 연주자를 관현맹(管絃盲)이라고 한다. 관현맹인(管絃盲人), 고악
(瞽樂), 고사(瞽師) 등으로도 불렸다.

관현맹은 궁중에서 대비와 왕비 등을 위해 베푸는 내연(內宴)을 비롯한 여러 행사에서 음악을 연주하거나, 기생의 가무에 반주를 맡았다.[31] 남녀가 직접 말을 주고받을 수도 없을 만큼 내외가 엄격했던 시절에 궁궐에 남자가 들어가는 것은 상상할 수 없는 일이었다. 하지만 여자 악공만으로는 필요한 악기를 제대로 연주하기 곤란했기 때문에 남자 맹인 악사들을 동원했다. 좋은 일자리를 만들어 주려는 일종의 복지 정책이기도 했다.[32]

고려 시대에는 맹인과 무당의 자식을 모아 악공을 시켰다. 세종 때는 음악을 관장하는 관습도감(慣習都監)에서 선발한 맹인 18명에게 음악을 익히게 했다. 이들은 궁중 음악인 당악(唐樂)과 우리 고유의 음악인 향악(鄉樂) 전공으로 나뉘어 퉁소, 피리, 가야금, 거문고 등 다양한 악기를 연주했다.

『경국대전』에는 장악원(掌樂院)에 4명의 관현맹이 소속되었다고 했으나 실제로는 그보다 많았다. 관현맹 제도는 임진왜란과 병자호란을 거치면서 폐지되었다가 효종 때 다시 시행되어 궁중 연회에서 13명의 관현맹이 급료를 받으며 연주를 했다. 현종 때는 5명으로 줄었다가 영조 때 늘어났고, 1744년 편찬된 『진연의궤』에는 피리와 젓대, 해금, 거문고, 비파, 초적을 연주하는 관현맹 13명의 이름이 보인다.

관현맹은 설치와 폐지를 반복하면서 조선 말까지 존속되었는데 나라 살림이 어려워지면 가장 먼저 폐지되곤 했다. 이때마다 관현맹들은 사람이 많이 모이는 시장에서 음악을 연주하며 생계를 이었다. 이학규(李學逵)의 『낙하생집(洛下生集)』에는 광주 출신의 가야금 연주자가 오일장을 돌아다니며 구걸로 연명했다고 했다.

1424년(세종 6년) 7월 관현맹 박연(朴堧) 등 스물여섯 명이 세종에게 상소를 올렸다. 거문고와 비파를 타며 생계를 이어 왔는데 근래 국상(國喪)으로 음악을 연주할 수 없어 살아가기가 어렵다고 하자, 세종은 쌀 한 섬씩을 내려 주었다. 관현맹은 정기적으로 받는 녹봉이 없다시피 했고 흉년이나 국상을 만나면 수입이 줄어 가난한 생활을 할 수밖에 없었던 것이다. 판수 노릇을 하면 처자식을 먹여 살릴 정도는 되지만, 음악을 익히면 고생을 면치 못한다는 말도 나왔으니 당연히 인기가 없는 직업이 되어 버렸다.

그럼에도 조선에는 뛰어난 악공이 많이 배출되었다. 성현의 『용재총화』에 "관현맹 김복산(金卜山)은 가야금을 잘 탔으니 그 솜씨는 비길 사람이 없다."라고 했다. 그는 심한 불구였지만 장악원에서 충실히 근무하여 지금의 총감독에 해당하는 전악(典樂)의 자리에 올랐다. 한편 성종 때 악공 이마지(李亇知)가 거문고를 잘 탔는데 김안로(金安老)는 그의 연주를 듣고 이렇게 극찬했다.

"구름이 떠가는 듯 냇물이 솟구쳐 흐르는 듯하고, 소리가 그칠 듯하다 이어지고, 활짝 열렸다가 덜컥 닫히고, 유창했다가 처절해졌다. 그 변화에 황홀해진 좌중은 술잔을 드는 것도 잊고 나무토막처럼 멍하니 얼이 빠져 있었다."

선조 때의 김운란(金雲鸞)은 진사시에 합격한 양반이었지만 눈병을 앓다가 시력을 잃었다. 이후 그는 아쟁을 배워 귀신도 통곡하게 했다는 이야기가 전한다. 허균은 그의 연주를 칭찬하며 "그의 음악을 들

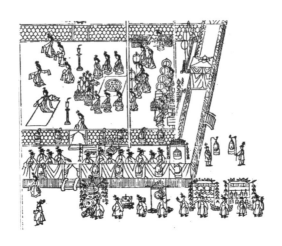

진연의궤(進宴儀軌) 중에서 확대한 부분

는 사람치고 눈물을 쏟지 않는 이가 없었다."라고 했다.

율곡 이이도 어릴 적 같은 동네에 살았던 관현맹 김운란을 만나 아쟁 연주를 듣고 시를 지었다. "빈 누각에 아쟁 소리 들려오자 오싹하니 좌중이 조용해지네. 아쟁의 현이 손을 따라 말을 하고, 세찬 냇물 깊은 곳에서 흐느끼네. 늦여름 매미가 이슬 젖은 잎에 매달려 있고, 작은 샘에서 물이 솟네. 귀를 기울이니 구름 속에 있는 듯이 여운이 오래도록 나하지 않는구나." 관현맹은 장애와 어려운 현실 속에서도 사람들에게 감동을 전하며 살아갔다. 그 전통은 지금까지 이어지고 있다. (김)

조선잡사

직업적 해금 연주가의 고뇌

내가 대여섯 살 때로 기억한다. 해금을 켜면서 쌀을 구걸하러 다니
는 사람을 만났는데 얼굴이나 머리털로 보아 예순 살 남짓 된 사람이
었다. 곡을 연주할 때마다 누군가가 "해금아! 네가 아무 곡을 켜라."
하면 해금이 응답하는 것처럼 곡조를 연주했다. 늙은이와 해금이 마
치 영감과 할미 부부 같았다.

— 조수삼, 「혜금수」

해금은 대표적인 조선 시대 악기 중에 하나다. 지금은 해금(奚琴)
이라고 하지만 혜금(嵇琴), 깡깡이라고도 했다. 원래는 중국 요하(遼河)
상류에 사는 해족(奚族)의 악기였는데 고려 시대에 우리나라로 전해

졌다. 『고려사』, 「한림별곡」, 「청산별곡」을 비롯하여 한시에도 자주 등장한다. 연산군은 대비를 위해 벌인 잔치에서 해금을 잘 켜는 기생을 불러 연주를 시켰다.[33] 상류층의 잔치 자리에 빠지지 않는 악기가 바로 해금이었다.

강원도 회양에 사는 금순채(琴順釆)는 해금에 뛰어나 금선(琴仙), 즉 해금의 신선이라는 별명으로 불렸다. 그는 10대부터 연주를 시작하여 일흔까지 현역으로 활동했다. 금강산을 유람하는 사람은 반드시 금순채를 데리고 갔다. 경치 좋은 곳에서 연주를 감상하기 위해서다. 덕택에 그는 금강산을 제집처럼 드나들었다.[34]

왕실과 상류층의 전유물이었던 해금은 18세기 후반에 이르러 대중화되었다. 이 시기는 문학과 예술의 다양한 분야에서 상품화 현상이 나타났는데 악기 연주 역시 예외는 아니었다. 김성기처럼 현악기, 관악기, 노래, 작곡 등 다양한 분야에서 뛰어난 재능을 발휘했던 멀티 아티스트 유형의 예술인도 있었지만, 유독 해금 연주자에 대한 기록이 자주 눈에 띈다. 당대 최고의 악사였던 유우춘의 생애를 다룬 유득공(柳得恭)의 「유우춘전(柳遇春傳)」이 대표적이다.

유우춘은 용호영(龍虎營)에 근무하는 하급 무관이었다. 다섯 손가락에 못이 박일 정도로 노력한 끝에 해금을 접한 지 3년 만에 연주 실력이 일취월장했다. 그를 해금 연주자로 만든 것은 음악에 대한 순수한 열정이 아니었다. 노모를 봉양해야 하는 절박한 처지와 하급 무관의 박봉이 그를 최고의 해금 연구자로 만든 것이었다. 그는 '유우춘의 해금'이라는 유행어가 생길 만큼 조선 팔도에서 가장 유명한 해금

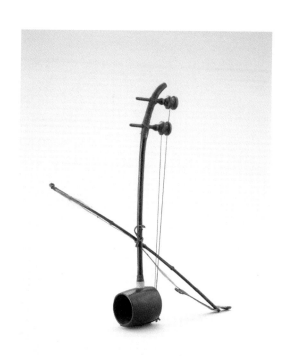

해금(국립민속박물관 소장)

연주자였다.

유우춘의 연주 솜씨는 날이 갈수록 좋아졌다. 하지만 수입은 늘어나지 않았고 세상 사람들은 그의 음악을 제대로 이해하지 못했다. 반면 대중성을 추구한 "미천한 해금 연주자(褐夫之琴)"들의 연주는 인기를 끌었다. 그들은 모기가 앵앵거리는 소리, 파리가 윙윙거리는 소리, 장인들이 뚝딱거리는 소리, 문사들이 왁자지껄 떠드는 소리를 해금으로 연주했다. 다양한 몸짓도 곁들였다. 콩죽을 실컷 먹고 배가 아파 크게 소리를 지르는 흉내도 내고, 다람쥐가 장독 밑으로 들어갔다고 외치는 흉내도 내고, 남한산성의 도적이 이리저리 달아나는 흉내도 냈다. 조수삼은 이를 두고 "사람을 깨우치는 말"이라고 했다.[35] 대중적인 해금 연주자들은 풍자가 섞인 해학을 소리와 접목시켰던 듯하다. 아름다운 한복을 입고 우아하게 연주하는 지금과 사뭇 다른 모습이다.

해금 연주자가 길거리 공연을 하면 사람들이 겹겹이 둘러쌌다. 공연이 끝나 돌아가면 뒤따르는 사람들이 수십 명이었다. 한 시대의 스타였고, 팬클럽도 있었다. 하루의 벌이가 곡식 한 말과 돈 한 움큼이라고 하니 적지 않았다. 부유층의 잔치에 불려 간 연주자는 더 많은 돈을 벌었던 듯하다.

유우춘은 최고의 해금 연주자로 인정받았지만 항상 예술성과 대중성 사이에서 고민했다. 종친과 고관대작 앞에서 연주하며 곁눈질로 살짝 보면 많은 사람들이 졸고 있었다. 자기가 연주하고 자기 혼자 듣다 오는 꼴이었다. 요취곡(군악 계통의 곡조)과 영산회상의 변주곡을 연주하면 귀공자들은 알지도 못하면서 "좋다. 좋아!" 하고 외쳤다. 유우춘은 속으로 그들을 비웃었다. 음악성을 추구하자니 수입이 줄고, 대중성을 추구하면 천박하다는 비판이 뒤따랐다. 경제적 문제 앞에서 예술성을 고민한 직업 연주자의 초상이다. (강)

4부

기술자들

농업 위주의 사회인 조선에서도 장인은 빠뜨릴 수 없는 존재다. 왕실이나 국가의 주요 행사의 내용을 정리한 의궤(儀軌)에는 수많은 기술자들의 이름과 전공 분야가 빠짐없이 기록되어 있다. 목수(木手), 석수(石手), 야장(冶匠), 이장(泥匠)을 비롯하여 납장(鑞匠), 개와장(蓋瓦匠), 기계장(機械匠), 파자장(把子匠) 등 적게는 수십 명에서 많게는 수백 명의 이름이 실려 있다. 이 장에서 다루는 기술자는 그중 극히 일부다. 조화 만드는 화장, 헤어 디자이너 가체장, 거울 가는 마경장, 글씨 새기는 각수, 글 대신 써 주는 서수, 활과 화살 만드는 궁인, 그릇 만드는 사기장, 종이 만드는 지장 등등. 각종 전문 기술을 지닌 이들은 사회에서 인정을 받기는커녕 고된 노역에 도망가거나 일을 잘할수록 고생이 심해지기 일쑤였다. 힘든 삶의 무게를 짊어진 조선의 기술자들은 다른 사람들의 짐을 대신 져 주었던 것이 아닐까.

화장,
조선의 플로리스트

나그네가 말했다.

"저는 비단을 오려서 꽃을 만들 수 있습니다. 사람들이 보면 진짜인지 가짜인지 구분하지 못합니다."

주인이 재주를 보여 달라 하니 나그네는 가위로 흰 비단을 오렸다. 철사를 구부리고 밀랍으로 꾸며 꽃잎과 꽃술, 꽃받침과 씨방을 만들었다. 마침내 하나하나 가지에 붙여 나란히 세워 놓았다. 나그네가 말했다.

"제가 어찌 재주를 부리려고 했겠습니까? 하루라도 꽃이 없으면 안 된다는 것을 알기 때문입니다."

— 김윤식, 「조화 만드는 사람 이야기」

『진찬의궤(進饌儀軌)』에 실려 있는 준화(樽花)의 견본으로, 준화는 화분에 설치하는 대형 조화다. 높이
는 9척 5촌(약 3미터)이다.

호텔 결혼식은 비싸다. 음식값도 비싸고 대관료도 비싸다. 무엇보다 비싼 것은 꽃값이다. 특급 호텔의 꽃 장식 가격은 부르는 게 값이다. 수백만 원은 보통이고 1000만 원이 넘는 곳도 드물지 않다. 끼워팔기로 이득을 보려는 상술 탓이다. 그래도 화사한 분위기를 만드는 데는 꽃이 제일이다. 꽃 없는 결혼식은 상상하기 힘들다.

옛날 궁중 행사에서도 꽃 장식은 필수였다. 행사에 쓰인 물품과 비용을 기록한 의궤를 보면 한 차례 행사에 꽃 수천 송이를 썼다. 국화, 모란, 장미, 복분자, 연꽃 등 종류도 여러 가지다. 큰 것은 9척 5촌(약 3미터)에 달했다. 이 초대형 화환의 가격은 스무 냥. 쌀 한 가마니가 두석 냥 하던 시절이었으니 엄청난 고가다. 꽃 장식에 들어가는 비용이 전체 행사 비용의 10퍼센트를 넘었다. 꽃값이 비싸기는 지금과 마찬가지였다.

하지만 비싼 이유는 따로 있었다. 옛날에는 생화를 장식으로 사용하기가 어려웠다. 지금처럼 사시사철 생화를 구할 수 있는 것도 아니었고, 원예 기술 부족으로 품질과 수량을 보장할 수도 없었다. 그래서 등장한 것이 조화다. 비단과 철사, 종이, 밀랍 따위로 만들었다. 채화(綵花, 비단 꽃) 또는 가화(假花, 가짜 꽃)라고도 한다. 왕비와 궁녀의 머리를 장식하는 잠화(簪花), 장원 급제자의 사모에 꽂는 어사화(御賜花), 궁중 행사의 꽃 장식은 모두 장인이 한 땀 한 땀 공들여 만든 예술품이었다.

조화 만드는 장인을 화장(花匠)이라고 한다. '꽃의 장인'이다. 가장 화려하고 아름다운 물건을 만든다는 점에서 화장은 '장인의 꽃'이기

어사화로 장식한 관모(국립중앙박물관 소장)

도 하다. 화장은 고려 시대부터 관청 소속이었다. 국가에서는 중요한 행사가 있을 때마다 이들을 소집하여 조화를 만들게 했다. 큰 행사에는 수십 명이 동원되었다.

화장이 만든 조화는 대충 꽃 모양만 흉내 낸 것이 아니었다. 꽃잎과 꽃술, 꽃받침과 씨방, 심지어 꽃가루까지 정교하게 재현했다.[1] 고된 노동이었지만 대접은 제대로 받지 못했다. 조선 시대 장인이 대개 그랬듯이 화장에게는 월급이 나오지 않았다. 행사가 없으면 한 푼도 받지 못했다. 먹고살기 위해서는 새로운 시장을 개척해야 했다. 화장은 민간에서 활로를 찾았다.

화장의 새로운 고객은 왕실 문화를 선망하는 사대부였다. 궁중을 드나들던 사대부들이 유행을 선도했다. 그들은 화장이 섬세한 손길로 만들어 낸 조화에 넋을 빼앗겼다. 퇴계 선생도 밀랍 매화, 종이 대나무, 비단 복숭아꽃을 보고 시를 지었다.[2] 조선 후기에 오면 조화는 지금의 꽃다발과 화환처럼 보편화되었다. 혼례상의 필수품이었다는 사화봉(絲花鳳)도 조화의 일종이다.[3]

요즘은 조화를 하도 잘 만들어서 만져 보기 전에는 조화인지 생화인지 구분할 수 없을 정도다. 그래도 조화보다는 생기 넘치고 향기로운 생화를 선호한다. 하지만 금방 시들어 버리는 탓에 돈을 쓰기가 망설여지는 것도 사실이다.

사실 꽃은 딱히 쓸모가 없는 물건이다. 꽃의 쓸모는 그 존재 자체에 있다. 우리는 인생의 한순간을 빛내기 위해 그 존재를 필요로 한다. 그 한순간을 위해 화훼 농가는 비닐하우스에서 몇 달 동안 땀을 흘린다. 그들이 흘린 땀의 가치를 생각한다면 꽃값이 마냥 비싸다고 하기는 어려울 것이다. (장)

가체장,
여심을 빼앗은 디자이너

가장이 금하지 못하니 부녀자들은 가체를 더 사치스럽게 하고 더 크게 만들지 못할까 걱정한다. 근래 어떤 집의 열세 살 난 며느리가 가체를 높고 무겁게 만들었다. 시아버지가 방 안에 들어오자 며느리가 갑자기 일어서다가 가체에 눌려 목뼈가 부러졌다.

— 이덕무, 『청장관전서』

조선 사람은 화려했다. 남자는 수정을 잇댄 갓끈과 옥으로 만든 관자, 귀걸이로 꾸몄다. 여자는 풍성한 가체(加髢, 가발)와 현란한 비녀, 노리개로 치장했다. 길고 화려한 갓끈, 높고 풍성한 가체는 요샛말로 잇템, '꼭 갖고 싶은 아이템'이었다.

그러나 조선의 법률은 엄격했다. 귀걸이는 선조, 가체는 정조 때 금지했다. 위정자가 보기에 귀를 뚫는 일은 몸을 훼손하는 불효(不孝)였고 가체는 검소한 미풍양속을 해치는 사치였다. 정조는 가체를 금지하기 위해 법령을 반포하며 한문 법조문은 물론 한글 법조문까지 작성했다. 그만큼 가체는 상하 귀천을 떠나 유행했다. 단속이 심해져도 여전히 가체를 애용했다. 상황이 이러하자 조정에서 파견한 사람이라며 가체에 벌금을 부과해 거둬 가는 사기꾼이 나타나기도 했다.[4]

가체를 만드는 장인을 가체장이라고 불렀다. 인조모가 발명되기 전이니 가체를 만들려면 사람 머리카락을 쓸 수밖에 없었다. 가체에 쓰인 머리카락은 죄수나 승려의 것이었다. 상투를 튼 남성의 머리카락도 썼다. 조선 남성은 상투를 맵시 있게 틀려고 정수리 주변의 머리카락을 깎았다. 이를 '베코(혹은 백호) 친다'라고 했다. 남성은 베코를 쳐 맵시를 더했고, 그렇게 얻은 머리카락은 가체장 손에서 여성의 아름다움을 더하는 가체로 탈바꿈했다.

거둬들인 머리카락 대부분은 남성의 것이었고 모질이 각기 달랐다. 가체장은 여러 가지 화학 약품을 써서 머리카락을 균일하게 다듬었다. 66세 영조와 15세 정순왕후의 혼례를 기록한 『가례도감의궤』에 따르면 가체장은 당주홍(唐朱紅), 홍합사(紅合絲), 황밀(黃蜜), 송진(松津), 주사(朱砂), 마사(麻絲), 홍향사(紅鄕絲), 소금, 참기름 등을 써서 가체를 만들었다.

가체장은 다양한 성분의 분말을 섞어 쓰임새가 다른 화학 용액을 만들었다. 이렇게 만든 화학 용액에 머리카락을 담가 씻고 곧게 펴서 탈색했다. 이로써 저마다 다른 직모와 곱슬머리의 윤기와 색상을 균일하게 맞춰 염색을 준비했다.

가체장은 탈색을 마친 머리카락을 짙은 검은색으로 염색하고, 빗으로 가지런히 빗어 머리 타래를 만들었다. 적당히 길어야 모양을 잡기 편하므로 짧은 머리카락은 촛농을 써서 길게 붙였다. 수선한 머리카락 다발을 곱게 빗어 머리 타래를 만들면 기초 작업이 끝난다. 당시 가체는 풍성한 모발을 기본으로 한쪽으로 쏠려 기울어지거나 양쪽으로 묵직하게 내려오는 모양이 유행했다. 광택 작업까지 마치면 비로소 여름날 먹구름처럼 풍성하면서도 윤이 나는 가체가 완성됐다.

가체장은 상황에 맞는 여러 가지 머리 모양을 두루 꿰고 있었다. 궁중 대례 때 쓰는 대수(大首)와 민가 혼례에 쓰는 거두미(巨頭味, 어유미(於由味)는 모양이 달랐다. 가체장은 형식에 맞춰 가체를 제작했다. 또 부분 가발처럼 쓰는 가체도 있었으므로 이에 대한 이해도 있어야 했다. 이를테면 조짐머리, 얹은머리, 쪽머리, 새앙머리 등이다. 예법에 맞는 가체 모양을 두루 꿰고 있으면서 탈색과 염색, 땋는 법까지 알아야 했던 가체장은 말 그대로 헤어 디자이너였다.

가체는 체괄전(髢髺廛)에서 팔았다. 체괄전은 각종 가체를 구비한 전문 매장이다. 또 여쾌(女儈)나 수모(首母)가 직접 들고 다니며 방문 판매를 했다. 여쾌는 중매쟁이, 수모는 혼례 때 신부의 단장을 돕는 미용사다. 머리 타래를 틀고 비녀를 꽂아 아름답게 꾸미는 일은 수모가 도맡았다.

높고 풍성한 가체를 선호한 탓에 가체는 날이 갈수록 커졌다. 커지

1922년 영친왕비가 순종을 알현할 때 착용한 대수머리 가체(국립고궁박물관 소장)

는 만큼 무거워져 가체를 했다가 목을 다치는 여인도 나타났다. 이덕무의 『청장관전서』에 가체 때문에 목뼈가 부러져 죽은 며느리 이야기가 있다. 방에 들어온 시아버지를 보고 급히 일어나 절하려다 일어난 사고였다. 가체는 그만큼 크고 무거웠다.

크고 무거워진 가체 가격은 천정부지로 치솟았다. 이덕무는 장신구를 포함한 가체 가격이 7~8만 전에 달한다고 개탄했다.[5] 전을 동전 개수로 봐도 7만 닢은 700냥에 달하는 금액이다. 황윤석은 『이재난고』에서 열한 간 반 초가집이 서울에서 110냥 정도라 했다.[6] 700냥에 비녀 등 장신구 가격이 태반이라고 쳐도 가체 하나면 초가집 예닐곱 채를 살 수 있다. 가격이 이렇다 보니 형편이 넉넉지 못한 집안은 수모에게 가체를 빌려서 쓰기도 했다.[7]

여성의 기호품인 가체는 어느 순간 사회 문제가 되었다. 국가가 개입할 정도였다. 그래도 가체를 향한 여성들의 열망은 사그라들 줄 몰랐다. 가체장은 그 시대 여성의 마음을 완전히 빼앗은 명품 잇템의 디자이너였다. (홍)

마경장,
거울 가는 장인

13일에 마경장 열다섯 명을 대령토록 했는데 하지 않았다. 공조와
상의원의 해당 관원을 국문하라!

—『연산군일기』 10년(1504) 1월 14일

1504년 1월 14일 연산군은 마경장(磨鏡匠)을 대령하지 않았다며 불
호령을 내렸다. 마경장이 뭐 하는 사람이기에 연산군은 조바심 내며
열다섯 명씩이나 찾았던 것일까?

조선 후기까지 거울은 지금 흔히 보는 유리 거울이 아니라, 청동이
나 백동으로 만든 금속 거울이었다. 금속 거울은 땀을 비롯한 습기에
취약했고 쉽게 녹슬었다. 연암 박지원은 죽은 누이를 기리며 쓴 「백

공재 윤두서가 자화상을 그릴 때 사용한 것으로 추정되는 경대다. 거울은
일본 에도 시대에 제작된 백동경(白銅鏡)으로 전남 해남 녹우당에서 소
장하고 있다. 아래 사진은 거울 뒷면(윤형식 씨 제공)

자증정부인박씨묘지명(伯姊贈貞夫人朴氏墓誌銘)」에서 누이가 시집가던 날 빗을 떨구어 무릎을 베고 있던 자기 이마를 맞히자 성이 나 분에다 먹을 뒤섞고 침을 발라 거울을 더럽혔다고 회고한다.[8] 꼬마 박지원이 침을 묻힌 거울은 청동이나 백동 거울이었을 법하다. 박지원은 성이 나서 어린 마음에 누이가 아끼던 거울에 침을 발라 아예 망가트리려고 했던 것이다.

금속 특성상 청동이나 백동 거울은 수시로 녹을 벗기고 갈고 닦아 맑고 선명한 본연의 빛을 되살리는 작업이 필요했다. 이러한 작업을 거친 다음에야 거울을 거울답게 쓸 수 있었다. 거울 본연의 빛을 되살리는 일을 담당했던 직업이 거울 가는 장인 마경장이다. 낡고 녹슨 거울은 마경장 손끝에서 몇 번이고 새것으로 거듭났다.

1504년의 기록에 따르면 연산군은 거울 가는 장인인 마경장을 열다섯 명이나 찾았다.[9] 마경장 열다섯 명이 달려들 만큼 많은 거울을 하루바삐 수리해야 했던 것이다. 마경장이 갈고 닦은 거울은 연산군 주위 기녀가 화장하는 데 썼을 터였다. 거울이 불량했던 까닭에 기녀의 화장이 퍽 못마땅했고, 흥이 깨진 연산군은 불호령을 내렸다. 내가 13일 낮에 마경장 열다섯 명을 대령하라고 명령하지 않았느냐고. 호색했던 연산군은 거느린 기녀 숫자에 비례해 마경장이 절실히 필요했다.

『경모궁악기조성청의궤(景慕宮樂器造成廳儀軌)』에 마경장에게 제공한 도구가 나온다. 강려석, 중려석, 연일려석, 법유다. 강려석은 거친 숫돌, 중려석은 중간 거칠기 숫돌, 연일려석은 포항 연일에서 올라온 고운 숫돌을 말한다. 법유는 들기름이다.

제공된 도구가 단출한 편이라 공정도 단순해 보인다. 그러나 무조건 부지런히 문지른다고 잘하는 게 아니다. 세 가지 숫돌을 적절히 써 거울 표면을 반들반들 다듬어 상을 선명하게 반사해야 한다. 청동, 백동 등 재질에 맞춰 연마 강도도 조절해야 한다. 여기에 들기름 적당량을 발라야 거울에 빛을 낼 수 있다. 전문성과 숙련도 모두를 요구한다. 이러한 전문성이 거울을 만드는 경장(鏡匠)에서 마경장이 갈라져 나온 이유다.

연산군이 열다섯 명을 찾았던 반면 마경장 한 명이 절실했던 사람도 있다. 자화상으로 유명한 공재(恭齋) 윤두서(尹斗緖)였다. 윤두서의 자화상은 여느 그림과 마찬가지로 붓, 물감, 종이로 그렸다. 그러나 빼놓을 수 없는 재료가 더 있다. 바로 얼굴을 비춰 볼 거울이다. 천재화가의 눈빛을 모자람 없이 받으려면 거울은 얼마나 깨끗해야 할까? 윤두서의 백동 거울을 갈고 닦았던 마경장은 혼신을 다했을 터다. 마경장 덕분인지 윤두서는 자화상을 그리며 잡티 하나, 구레나룻 한 올, 눈 주위 안경을 썼던 자국까지 놓치지 않았다.

마경장이 영업하는 모습이 어떠했는지는 불분명하다. 아마도 행상으로 이 집 저 집 찾아가 거울을 갈아 줬을 것이다. 고전 소설 『최고운전(崔孤雲傳)』에서 최치원은 승상의 외동딸 나 소저를 만나려고 거울을 수선하는 행상 행세를 한다. 청동이나 백동 거울을 갈아 새것처럼 만드는 마경장 행세다. 나 소저는 유모를 통해 아끼던 거울을 맡기지만 최치원은 일부러 깨 버린다. 최치원은 거울값을 빌미로 승상

집에 머물게 된다. 마경장은 숫돌과 들기름을 지고 『최고운전』의 최치원처럼 이 집에서 저 집으로 골목을 누비며 거울을 갈았을 것이다.

하나의 직업에 매진해 경지에 이르면 일반인은 알 수 없는 묘리를 터득하기 마련이다. 조수삼이 기록한 『추재집』 속 절름발이 마경장이 그러했다. 절름발이 마경장은 말했다. "떠오르는 달을 보면 거울 가는 법을 깨닫게 된단 말씀이야."[10] 일반인에게 달은 밤하늘에 뜬 달일 뿐이었지만 절름발이 마경장에게는 환한 백동 거울이었다. 그는 매일 밤 마음속으로 거울을 갈았을 터였다.

홍대용의 『을병연행록(乙丙燕行錄)』과 서유문(徐有聞)의 『무오연행록(戊午燕行錄)』에 등장하는 유리 거울은 눈을 황홀하게 하는 신기한 물품이었다. 18세기까지도 유리 거울은 퍽 신기한 물건이었고 그만큼 마경장은 흔한 일상 속 풍경이었다.

마경장은 유리 거울이 보급되며 차츰 설 자리를 잃었다. 1759년(영조 35년) 영조와 정순 왕후의 혼례 절차를 기록한 『가례도감의궤』, 1776년(정조 즉위년) 사도 세자의 사당인 경모궁에서 쓸 악기를 만들 때 작성한 『경모궁악기조성청의궤』에 청동 거울이 나온다. 유리 거울이 수입되자 청동이나 백동 거울은 제례용으로 간혹 쓰였다. 마경장 대부분은 이즈음 마광장(磨光匠)이 되었다. 마광장은 온갖 기물을 닦고 갈아 빛을 내는 광택 전문가였다. 무기, 갑옷 장식, 금관 악기, 의례에 쓰이는 각종 기물은 마광장 손에서 기품 있는 빛을 냈다. (홍)

조선의 최종 병기,
활 만드는 사람

군기시(軍器寺)의 궁인(弓人)과 시인(矢人)을 중국 사신의 청지기로 삼
았는데, 중국 사람들이 우리나라의 활과 화살을 귀중하게 여기니 그
들과 함께 지내면 틀림없이 활과 화살을 매매하는 자가 있을까 염려
됩니다.

— 『성종실록』 11년(1480) 4월 20일

우리 민족은 예로부터 동이족(東夷族)이라 불렸다. 동이족의 이(夷)
자를 '대궁(大弓)'으로 파자하기도 한다. 큰 활을 잘 쏘는 사람이라는
뜻이다. 우리 역사에는 유난히 명궁(名弓)이 많다. 고구려 시조 주몽의
이름은 '활을 잘 쏘는 사람'이라는 뜻이다. 양만춘은 안시성에서 당

김홍도, 「활쏘기」, 『단원풍속도첩』

나라 태종의 한쪽 눈을 화살로 맞혔다. 날아가는 기러기의 왼쪽 날개를 맞혔다는 고려의 개국 공신 신숭겸도 유명하고, 조선 태조 이성계는 신궁(神弓)으로 불리는 활 솜씨로 우리 땅을 유린하던 오랑캐를 섬멸했다.

이들이 사용한 활을 만든 이가 궁인(弓人)이다. 활 만드는 궁인과 화살 만드는 시인(矢人)은 다른 장인보다 높이 우대받아 '장(匠)'이 아니라 '인(人)'으로 불렸다. 세종 때 내궁방(內弓房)을 설치하고 마흔 명의 궁인을 두었으며, 이 밖에 서울과 지방에서 모두 500명이 넘는 궁인이 활을 만들었다. 궁인은 대를 이어 장인으로 자부하며 마을을 이루어 살기도 했다.

활에 쓸 나무를 구하러 갈 때는 말이 제공되었고 지방관의 접대를 받았다. 주재료인 물소 뿔을 구하기 위해 사신을 따라 중국에 다녀오기도 했다. 궁방에서 20년 이상 근속하고 활을 1000개 이상 만들면 관직을 내렸다. 군영에서 난동을 부린 궁인이 별다른 처벌을 받지 않을 정도로 대우가 남달랐다.

유형원은 『반계수록』에서 궁인의 연봉을 서른 섬으로 올리고 우수한 자에게는 9품 관원과 같은 녹봉을 주자고 주장했다. 사농공상의 차별이 현격했던 당시에 이처럼 파격적인 대우를 받은 이유는 활이 전략 무기였기 때문이다. 활과 화살의 제작 기술이 유출되지 않도록 중국 사신과 접촉을 막기도 했다.[11]

활과 화살은 분업으로 만들어졌다. 화살촉을 만드는 전촉장(箭鏃匠), 완성한 화살촉을 날카롭게 가는 연장(鍊匠), 접착제를 만드는 아

조선잡사

함흥 본궁에 있었다는 태조 이성계의 활과 화살. 일제 강점기 사진으로
6·25 때 분실되었다.

교장(阿膠匠), 화살통을 만드는 시통장(矢筒匠) 등의 장인이 있었다. 활
은 재료와 용도에 따라 다양했다. 대나무로 만든 죽궁(竹弓), 탄력 좋
은 산뽕나무나 산비마자, 박달나무로 만든 목궁(木弓), 물소 뿔로 만
든 각궁(角弓), 사슴뿔로 만든 녹각궁(鹿角弓), 쇠나 놋쇠로 만든 철궁
(鐵弓)과 철태궁(鐵胎弓) 등이 있었다.[12] 훈련도감에 8종의 활 1만여 장

과 장전(長箭), 편전(片箭), 체전(體箭) 등 10종의 화살이 보관되어 있었다는 기록이 『만기요람(萬機要覽)』에 실려 있다.

이 중 각궁은 조선을 대표하는 활이다. 물소 뿔, 쇠심줄, 부레풀, 소가죽, 뽕나무, 참나무를 재료로 만든다. 뿔을 켜고 나무와 뿔을 부레풀로 붙이는 복잡한 공정을 거쳐 각궁 하나를 만드는 데 넉 달이 걸렸다고 한다. 활에는 제작자의 이름을 적어 두어 부러지거나 성능에 문제가 있으면 처벌했다.

각궁의 주재료인 물소 뿔은 전량 수입에 의존했다. 따라서 물소 뿔의 안정적인 공급은 국가적 관심사였다. 명나라에서는 물소 뿔을 전략 물자로 취급하고 수출량을 사행 1회당 쉰 개 정도로 제한했다. 세조는 물소 뿔이 나라의 보물이라며 활 이외에 공예품으로 쓰지 못하게 했고, 세종은 물소를 국내에 들여와 사육을 시도했으나 실패했다. 한우의 뿔을 이어 붙여 향각궁(鄕角弓)을 개발했지만 잘 부러지는 데다 위력도 각궁에 미치지 못했다.[13]

조선의 비밀 병기로 취급된 편전(片箭)은 '아기살'로도 불리는데, 사정거리가 일반 활의 세 배에 달하는 350미터다. 화살이 작고 소리도 거의 들리지 않아 피하거나 막기 힘든 무서운 무기였다. 편전을 쏘는 데 필요한 도구인 통아(桶兒)의 제작과 사용법도 극비로 취급되었다.

조선의 기술자는 천대받았지만 궁인과 시인만은 예외였다. 대우가 좋으면 인재가 모이고 기술이 발전하는 법. 조선의 활이 최고의 평가를 받았던 이유는 이 때문일 것이다. (김)

사기장,
조선 백자의 어두운 그림자

우리나라 도자기는 질박하고 견고하지만 중국과 일본에 비하면 수
준이 몹시 떨어진다. 중국 도자기는 또 일본 도자기만큼 정교하지 못
하다. 일본 도자기는 종이처럼 얇고 백옥처럼 희며 윤기가 흐르는 듯
하다.

— 이규경, 『오주연문장전산고』

사기장(沙器匠)은 도자기를 만드는 장인이다. 흔히 도공(陶工)이라고
하지만 일본식 표현이다. 조선 시대에는 도공이라는 말을 별로 쓰지
않았다. 사기장이 올바른 용어다.

『경국대전』에 "사기장의 자손은 다른 부역을 시키지 말고 대대로

가업을 전수하게 한다."[14]라고 했다. 국가가 관리하는 수십 종류의 장인 가운데 법으로 세습을 강제한 경우는 사기장이 유일하다. 어째서 일까? 『승정원일기』에 답이 있다. "그릇을 구워 만드는 일은 아무나 할 수 없으니 반드시 대대로 익혀야 기술이 완성된다."[15] 고도의 기술이 요구되는 직업이었기 때문이다.

이유는 또 있다. 일이 너무 고되어 도망가는 사람이 많았기 때문이다. 나날이 줄어드는 사기장은 조정의 골칫거리였다. 강제로 세습시켜서라도 인원수를 유지해야 했다. 조선 시대 궁중의 주방 사옹원에는 380명의 사기장을 두었다. 어느 장인보다 많은 숫자다. 그렇지만 이마저도 늘 부족했다. 사기장은 초봄부터 초겨울까지 쉬지 않고 그릇을 만들었다. 쉬는 건 한겨울뿐이었다.

사기장은 경기 광주의 분원(分院)에 모여 그릇을 만들었다. 변수(邊首)의 책임하에 조기장(造器匠)이 흙을 그릇 모양으로 만들면 마조장(磨造匠)이 손질하고 건화장(乾火匠)이 건조했다. 이 밖에 흙을 곱게 거르는 수비장(水飛匠), 가마에 불을 때는 화장(火匠), 온도를 관리하는 감화장(監火匠), 그림을 그리는 화청장(畵靑匠)이 있어 분업으로 그릇을 만들었다.[16]

이렇게 많은 장인들이 부지런히 일했는데도 사기그릇은 늘 부족했다. 망가지는 족족 만들어 보충해야 했기 때문이다. 『만기요람』에 따르면 놋그릇의 사용 연한은 10년, 쇠 그릇은 5년, 나무 그릇은 3년이다. 사기그릇은 사용 연한이 아예 없다.[17] 반영구적이라서가 아니라 너무 쉽게 깨졌기 때문이다. 사기장이 어떤 장인보다도 많았던 이유다.

함남 문천의 도공과 제작 용구(국립중앙박물관 소장)

조선의 도자기는 온통 흰색인 순백자가 주를 이루었다. 회회청(回回靑)이라는 안료를 써서 푸른 무늬를 넣은 청화 백자를 만들기도 했지만 회회청은 값비싼 수입품이었다.[18] 이 때문에 사치스럽다는 이유로 민간의 청화 백자 사용을 금지하기도 했다.[19] 조선 후기에 오면 중국과 일본에서 수입한 화려한 도자기가 시장에 풀렸다. 아무 무늬 없는 순백자는 한껏 높아진 소비자의 눈높이를 맞추지 못했다. 조선 백자도 이러한 추세에 따라 다양해졌지만 이미 중국과 일본의 기술력을 따라잡기에는 역부족이었다.

조선 후기 실학자들은 중국에 가서 충격적인 광경을 보았다. 중국에서는 외딴 시골에서조차 화려한 그림을 넣은 도자기를 쓰고 있었다. "우리나라 도자기 그림은 죄다 희미한데 중국 도자기 그림은 머리카락 하나까지 선명하다."[20]라며 놀라워했다. 일본 도자기는 한층 더 수준이 높았다. 과거 임진왜란 때 조선의 사기장을 데려가 기술을 축적한 일본 도자기의 품질은 조선을 추월한 지 오래였다. 『오주연문장전산고』에 따르면 일본 도자기의 품질이 가장 좋고, 다음은 중국, 조선은 그다음이었다.

조선의 도자기는 화려하지 않다. 혹자는 이를 두고 검소하고 소박한 아름다움이라고 한다. 하지만 이것은 오늘날의 미학에 입각한 해석이다. 조선 시대에는 벽에 흰 칠을 하는 것도 사치로 여겼다. 만약 검소함을 보이고 싶었다면 흙빛 그대로인 질그릇을 썼을 것이다. 백자 원료인 백토(白土)의 채굴과 운반이 백성에게 얼마나 큰 부담이 되었는지는 수많은 사료가 입증하고 있다.

소박한 아름다움을 추구한 것과 소박한 수준을 벗어나지 못한 것도 구분해야 한다. 실학자들은 문헌을 조사하다가 고려 청자가 '비색자기(秘色磁器)'로 일컬어지며 세계적으로 높은 평가를 받았다는 사실을 발견했다.[21] 그들은 의문을 제기했다. 고려 청자를 만들던 우수한 기술은 어디로 가고 우리는 소박한 백자밖에 만들지 못하는가? 우수한 기술은 우수한 장인에게서 나오고, 우수한 장인은 우수한 대우에서 나온다. 장인을 제대로 대우하지 않으면 기술은 발전하지 않는다. 조선의 도자기가 소박한 수준을 벗어나지 못한 이유는 이것이다. (장)

필공,
천하제일의 붓 제작자

경상도에 붓을 잘 만드는 사람이 있다. 몇 해 전 두세 자루를 얻어 썼는데 국내에서 으뜸일 뿐만 아니라 천하제일이라 해도 부끄럽지 않을 것이다.

— 김정희, 『완당전집』

조선 최고의 서예가 추사 김정희. 그가 천하제일이라고 인정한 붓은 중국 붓도 아니고 일본 붓도 아니었다. 경상도의 이름 없는 필공이 만든 붓이었다. 필공은 붓 만드는 사람으로, 필장(筆匠)이라고도 한다. 경상도 필공이 모처럼 서울에 올라오자 추사는 역시 명필로 이름난 친구 심희순(沈熙淳)에게 서둘러 편지를 보냈다. 이 기회를 놓치지 말고 붓을 만들라는 당부였다.[22] 명필은 붓을 가리지 않는다지만 추사는 이 말에 동의하지 않았다. 추사는 조선의 붓을 최고로 쳤다.

중국 사람도 조선의 붓을 최고로 쳤다. 명나라 사람 주지번(朱之蕃)이 조선에 왔다가 허균에게 중국제 붓 다섯 자루를 주었다. 허균이 써 보니 전부 엉망이었다. 토끼털 붓은 너무 뻣뻣하고 염소털 붓은 너무 부드러웠다. 허균은 자기가 쓰던 붓을 주지번에게 주었다. 주지번은 감탄했다. "이것이 천하제일의 붓이다.(是天下第一品也.)" 조선 붓의 매력에 빠진 주지번은 수천 자루를 사 가지고 돌아갔다.[23]

추사가 경상도의 필장에게 만들게 한 붓도, 허균이 주지번에게 준 붓도 모두 족제비 털로 만든 황모필(黃毛筆)이다. 붓은 재료에 따라 이름이 다르다. 청서필(靑鼠筆, 다람쥐 털), 양호필(羊毫筆, 염소 털), 토모필(兎毛筆, 토끼털), 장액필(獐腋筆, 노루 겨드랑이 털), 구모필(狗毛筆, 개털), 서수필(鼠鬚筆, 쥐 수염), 초미필(貂尾筆, 담비 꼬리) 등이다. 그렇지만 부드러우면서도 질긴 황모필을 따라올 붓은 없었다.

황모필은 명나라 조정의 백서 『명회전(明會典)』에 조선의 조공품으로 등재된 명품이었다. 조선의 특산품이지만 재료는 대부분 수입했다. 우리나라에서도 족제비가 잡히긴 하지만 수요를 따라가지 못했다. 실록에 따르면 1622년 조정에서 한 달에 사용하는 황모필이 무려 3000자루였다.[24] 조공품과 하사품 따위를 모두 합친 수량으로 보인다. 조선은 중국에서 수입한 족제비 털로 붓을 만들어 다시 수출했다. 일종의 가공 무역인 셈이다. 수입이 끊기면 염소 털로 대체했다.

붓 제작은 공조(工曹)에 소속된 필공이 담당했다. 필공의 일은 고

필공(국립민속박물관 소장)

된 노역이었다. 할당량을 채우기도 만만치 않은데 추가로 요구하는 일이 끊이지 않았다. 아전들은 붓을 뇌물로 요구했다. 열 자루를 진상하면 100자루를 제 몫으로 챙겼다. 양반들은 필공을 종 부리듯 했다. 삯을 주지 않고 재료만 주면서 붓을 만들게 했다. 무리한 요구를 견디지 못한 필공은 목을 매기도 하고 손가락을 자르기도 했다.[25] 붓을 바치라고 독촉받던 필공이 대궐 안에서 제 목을 찌르는 사건도 일어났다.[26] 기술이 있다고 대접받기는커녕 그 기술 때문에 갈취의 표적이 되었다.

황모필의 개당 가격이 4~5전인데 납품가는 2~3전에 불과했다.[27] 살기 위해서는 속임수를 쓰는 수밖에 없었다. 개털을 속에 넣고 겉만 족제비 털로 살짝 덮은 가짜 황모필이 범람했다. 선조 임금이 진상받은 황모필을 해체했더니 속에 싸구려 털을 넣은 가짜였다. 노발대발한 선조는 필공을 처벌했다.[28]

좋은 붓을 만들려면 여러 종류의 털을 섞어 넣어야 한다. 『성호사설』에 따르면 억센 털로 심지를 만들고 부드러운 털로 감싼 다음, 다시 조금 억센 털로 겉을 둘러싸야 좋은 붓이 된다고 한다.[29] '털 블렌딩'이라고 하겠다. 블렌딩은 아무나 할 수 있는 일이 아니다. 장인의 손길이 필요하다.

붓은 서예가의 생명이다. 서화 평론가 남공철(南公轍)은 "붓이 가장 중요하고 종이가 다음, 먹은 또 그다음"이라고 했다. 그림과 글씨에 모두 뛰어났던 표암(豹菴) 강세황(姜世晃)이 붓 만드는 법을 자세히 설명했다. 먼저 털을 가지런히 정리하고 털끝에 밀랍을 발라서 붙인다. 이

것을 적당한 크기로 잘라 둘둘 만 다음 대롱에 꽂고 아교를 칠하여 고정한다. 중국 붓은 실로 묶으므로 튼튼하지 않고, 일본 붓은 종이로 묶는데 너무 부드러워 큰 글씨를 쓰는 데는 맞지 않으니, 우리나라 붓이 제일이라고 했다.[30]

대개의 장인이 그렇듯이 필공 역시 부역을 견디지 못하고 민간으로 흩어졌다. 조선 후기에는 전국 각지에서 필공이 활동한 사실을 확인할 수 있다. 사람들은 재료를 준비해 놓고 필공을 집으로 데려와 붓을 만들게 했다. 떠돌이 신세였지만 비로소 기술자 대접을 받았다.

사람들은 외제 만년필이 명품인 줄은 알아도 조선의 붓이 천하제일의 명품이었다는 사실은 모르고 있다. 현재 시도 지정 무형 문화재로 지정된 필공은 더러 있지만, 국가 무형 문화재로 지정된 필공은 전무한 상황이다. 천하제일의 붓을 만들던 조선 필공의 명맥은 끊어지고 마는 것인가. (장)

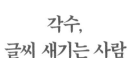

각수,
글씨 새기는 사람

가야산의 늙은 각수승 묘순은

재주가 뛰어나지만 성품은 순박하다네.

글씨 새기는 것은 이번 생의 업이고,

스님 노릇은 허깨비로다.

伽倻老上人

技妙性還淳

剞劂今生業

髡緇爾幻身

— 이수광, 『지봉집』

고려 시대 발명된 금속 활자는 조선에 들어서도 여러 차례 주조되며 활발하게 사용되었다. 하지만 금속 활자는 한 번에 10만여 자 이상을 주조해야 했으므로 경제적 부담이 매우 커서 나라에서 반포하는 책을 만들 때 주로 사용되었다. 민간이나 사찰에서는 여전히 목판에 글자를 새겨 찍어 내는 전통 방식으로 책을 만들었다. 이때 목판에 글씨를 새기는 사람을 각수(刻手)라고 한다. 각자장(刻字匠), 각공(刻工), 각원(刻員)으로도 불렀다. 옥이나 비석 등에 글씨나 문양을 새기는 사람도 각수라고 부른다.

앞의 시는 조선 중기의 문인 이수광이 가야산 용봉사(龍鳳寺)의 승려 각수 묘순(妙淳)에게 준 것이다. 당신의 이번 생은 스님이 아니라 각수라며 놀렸다. 당시 가야산에는 각수만이 아니라 종이를 만드는 지장(紙匠)도 있었다.[31] 조선 시대의 각수는 민간인보다 승려가 많았다. 사찰에서는 불경을 자주 만들었고, 새로 찍어 내는 개판(改版) 사업을 지속적으로 펼쳐 왔기 때문이다.

경남 합천 해인사의 장경판전 대장경판

조선 시대에 사찰에서 펴낸 510종의 책을 살펴보면 승려 각수 359명과 민간 각수 318명, 총 3377명의 이름을 확인할 수 있다.[32] 한 종의 경전을 찍는 데 최대 72명, 평균 6명의 각수가 동원되었다. 한국 국학진흥원 장판각에는 6만 6000여 장에 달하는 유교 목판이 소장되어 있다. 책판의 마구리 하단부와 마지막 책판에는 작업에 참여한 각수들의 이름이 적혀 있다. 작업에 참여한 각수의 품삯을 계산하고 하자에 대한 책임을 지우기 위한 것이다.

조선 왕실의 공식 행사와 관련된 내용을 정리한 의궤(儀軌)에도 전국 각지에서 작업에 참여한 수많은 각수들의 이름이 실려 있다. 특히 의궤에는 각수에게 제공된 다양한 공구의 종류와 수량까지 상세하게 정리되어 있다. 나무에 글씨를 새기는 각도(刻刀)와 망치, 새긴 책판을 다듬는 중치 숫돌(중려석), 경상도 연일 지방에서 나는 부드러운 숫돌(연일려석), 나무 조각을 털어 내는 멧돼지 털 등이다.

최흥원(崔興遠)의 문집 『백불암집(百弗菴集)』을 간행하는 과정을 기록한 간역기사(刊役記事)를 보면 각수는 총책임자인 도각수(都刻手), 업무를 총괄하는 수두(首頭), 연락책을 맡은 공사원(公私員), 판각에 관련된 제반 사항을 처리하는 장무(掌務), 마구리를 맡은 목수(木手), 책판을 다듬는 책공(冊工) 등으로 나뉘어 작업했다. 이들은 도각수를 중심으로 업무를 분담하고 각자의 능력에 맞추어 작업을 진행했다.[33] 양반도 조상의 책을 간행하기 위해 각수로 참여했다.

채제공(蔡濟恭)의 문집 『번암집(樊巖集)』은 60권 27책의 거질인데, 이를 간행할 때의 기록인 간소일기(刊所日記)에 따르면 간행에 필요한 비용이 1만 냥이라고 했다. 그중에서 목판비, 편집비, 글씨 쓰는 비용 등이 40퍼센트, 각수의 판각비는 30퍼센트 정도였다. 1만 냥은 현재 가치로 40억 이상으로 추정되는데 각수의 인건비가 10억 원가량을 차지했던 것이다. 작업하는 동안 명절이나 경조사가 있으면 부조를 해 주었고, 검수 과정에서 잘못이 발견되면 그에 상응하는 처벌이나 불이익을 받았다.

문집 간행은 엄청난 비용 때문에 가난한 집에서는 엄두도 내지 못했다. 비용을 줄이기 위해 내용을 줄였다가 저자의 의도와 멀어지는 결과를 낳거나 무리하게 일을 진행하다가 패가망신하기도 했다. 이로 인해 가문과 지방의 서원, 지역 유림이 문집을 공동으로 출판하는 체제를 마련했다.

인조 때 전라도 관찰사를 지낸 원두표(元斗杓)는 호남 지역 사찰에 있는 승려들이 모두 각수였다고 했다. 그는 각수승 100여 명을 불러 모아 『주자전서(朱子全書)』를 찍어 내어 조정에 진상했다.[34]

우리나라 곳곳에는 자신의 업을 다한 수많은 각수의 손길이 남아 있다. 쌓으면 백두산 높이를 넘는다는 고려의 『팔만대장경』, 세계에서 가장 오래된 목판본인 신라의 『무구정광대다라니경』은 모두 각수의 손에서 나온 작품이다. (김)

지장,
종이 만드는 사람

중국에서는 종이를 금처럼 귀하게 여겨 한 조각도 땅에 버리는 것을 볼 수 없는데, 우리나라 사람들은 종이를 흙처럼 하찮게 쓰니 그만큼 많이 생산된다는 것을 알 수 있다.

— 이유원, 『임하필기』

조선 사람들은 종이와 함께 살아가고 세상을 마쳤다. 책과 편지는 물론이고 벽지, 장판, 창호지에 종이로 만든 옷과 갑옷을 비롯한 다양한 생활용품에 이르기까지 쓰이지 않는 데가 없었다. 초상이 나면 종이로 부조하는 풍습도 있었다. 장례를 치르기 위한 필수품이었기 때문이다. 조선의 종이는 중국에서도 인기가 많아 조공품이나 뇌물로도 활용되었다.

종이의 수요가 크게 늘어나자 태종은 1415년 조지소(造紙所)를 설치했고, 세조는 1466년 조지서(造紙署)로 개편했다. 이곳에는 종이 제작을 담당하는 지장(紙匠)이 배속되었는데 서울에만 81명, 지방 221개 군현에 692명에 달하는 인원이 있었다. 6개월씩 3교대로 일한 이들을 위한 위전(位田)을 두어 그 소출로 월급을 지급했다.[35]

서울의 조지서를 기준으로 27명의 지장이 상근했다. 지장 외에도 각종 기구를 만드는 목장(木匠) 2명, 종이를 뜨는 발을 만드는 염장(簾匠) 8명, 지방에서 올라와 일하는 선상노(選上奴), 조지서에 소속된 차비노(差備奴) 90명, 벼슬아치를 보좌하는 근수노(根隨奴) 5명이 북적거렸다. 죄 지은 사람을 관가에 구속하여 노역시키는 형벌인 도형(徒刑)에 처해진 자에게는 닥나무를 다듬고 만들어진 종이를 두드리는 도침군(擣砧軍)의 역할을 맡겼다. 조지서의 도침군은 다른 노역에 비해 고되기로 소문나 기피 대상이었으나, 종이가 급히 필요했던 세종은 노역형 대상자를 무조건 조지서로 보내곤 했다. 분업이 잘되어서 지장은 종이를 뜨는 작업에 집중할 수 있었다. 어떻게 뜨느냐에 따라 그 품질과 용도가 천차만별이었다.

종이를 만들기 위해서는 닥나무와 잿물, 황촉규(닥풀)가 필요했다. 일년생 닥나무를 사용하며, 잿물은 메밀대나 고춧대를 태워 만든 재에 물을 통과시켜 만든다. 닥나무를 잿물에 삶은 후 수없이 두드려 닥 섬유를 추출하고, 황촉규는 뿌리의 점액 성분을 추출하여 지통에 닥 섬유와 함께 풀어 둔다. 이것을 발로 떠내어 말리면 종이가 만들어진다. 100번의 손질이 필요하다고 하여 백지(百紙)로 불릴 만큼 손이 많이 갔다.

주재료인 닥나무가 많이 필요해지자 백성들에게 의무적으로 닥나무를 심도록 했다. 하지만 16세기 이후 공납(貢納)의 폐단으로 닥나무 공급이 어려워지고 지장의 처우가 열악해져 봉급마저 나오지 않게 되자 지장은 점점 줄어들었다.[36] 임진왜란을 겪은 뒤에는 81명이던 지장이 죽거나 흩어져 4명으로 줄었고 60명이던 도침군도 5명밖에 남지 않았다. 시설도 파괴되어 한동안 복구하지 못하자 지장은 사찰이나 민간에서 종이를 만들었고 조정에서는 지장이 필요할 때만 고용하게 되었다.

청나라의 초상 치르는 풍속에서 여러 가지 종이와 인조 꽃을 쓰는 일에는 당지(唐紙)를 사용하지 않고 오로지 우리나라에서 생산된 종이를 쓰고 있으니 너무나 우려스럽습니다.

—『승정원일기』 인조 21년(1643) 9월 4일

병자호란 이후에는 청나라에 조공하는 종이의 수량이 폭증한다. 과거 한 해 7500권 정도 필요했던 백면지(白綿紙)가 1650년(효종 1년)에는 백면지 6만 6000여 권, 후백지 2만 9000여 권으로 늘어났다. 종이는 중국 가는 사신이 중국 측 관리에게 주는 선물과 뇌물로도 사용되었으니 실제로 필요한 수량은 훨씬 더 많았다.[37]

조정에서는 부족한 종이의 생산을 각 지역의 절에 부담시켰다. 그

조선잡사

러자 종이 만드는 고생을 이기지 못한 승려들이 도망하여 절이 텅 비어 갔다. 청나라와 관계가 안정된 이후로 다른 조공품의 수량은 점점 줄어들었으나 종이에 대한 요구는 더욱 늘어났다. 종이의 품질이 너무나 좋았기 때문이었다.[38]

18세기에 들어서 상품 경제가 발달하자 지장이 만드는 종이는 더욱 다양해지고 생산 수량도 크게 늘어난다. 『산림경제(山林經濟)』와 『임원십육지(林園十六志)』에는 원료, 색깔, 두께와 질, 용도별로 100종 이상의 종이가 보인다.

조선 후기 실학자 위백규(魏伯珪)는 임금에게 올리는 글에서 종이 사치와 낭비가 만연한 풍조를 비판했다. 또한 탐관오리들은 지장이 납품하는 종이를 퇴짜 놓으며 그 열 배에 달하는 뇌물을 요구하거나 심지어 납품가를 100분의 1로 후려친다고 폭로했다. 지장의 어려운 처지가 눈에 선하다. 그럼에도 천년 가는 종이를 만드는 지장의 명맥은 지금까지도 이어지고 있다. (김)

시계 제작자,
무에서 시간을 만들다

자명종이 처음 들어왔을 때 동래 사람들이 왜인에게 태엽 감는 법을
배워 서울에 전했다. 그러나 자세하지 않아 시계가 있어도 쓸 줄 몰
랐다. …… 내 숙부 이민철이 조용한 곳에 자명종을 들고 가서 시계
축 도는 것을 응시하고는 나사를 모두 뽑아 분해했다. 보던 이들이
모두 경악했으나 이내 조립해 이전처럼 완성했다.

— 이이명, 『소재집』

1631년 정두원(鄭斗源)은 명나라에 갔다가 포르투갈 예수회 선교
사 로드리게스(육약한(陸若漢))를 만났다. 정두언은 그를 통해 서양 화
포, 자명종, 망원경, 서양 과학서를 사 왔다. 인조는 서양 화포를 구입

자명종(서울대학교박물관 소장)

한 공을 기려 정두언에게 상을 내리려 했으나 조정 신료는 반대했다. 구입한 물건 가운데 쓸모없는 게 많다는 이유였다. 그들이 보기에 자명종은 '예쁜 쓰레기'였다.

자명종은 서양 과학 기술의 정수였으나 조선에서는 골동품처럼 집 안 한구석을 장식하는 비싼 소품이었다. 조선과 서양의 시간 체계가 달랐고, 무엇보다 톱니바퀴 수십 개로 작동하는 기계였던 까닭에 작동과 수리 방법을 몰랐다.

1637년 김육(金堉)은 북경에서 자명종을 구해 왔다. 하지만 작동 원리는 여전히 오리무중이어서 고장 나면 손쓸 방도가 없었다. 고장 난 자명종은 도자기나 마찬가지였다. 그러다 밀양 출신의 장인 유흥발(劉興發)이 오랜 연구 끝에 일본산 자명종을 수리해 작동시켰다. 김육은 시간에 맞춰 어김없이 종을 울리는 일본산 자명종을 보고는 "매우 기이한 물건"이라며 놀라움을 감추지 못했다.[39] 이 일화는 이규경의 『오주연문장전산고』에도 실려 있다.[40]

17세기 중후반에 이르러 조선에 시계 제작자가 나타났다. 이들은 자명종을 분해하고 조립하며 기계의 작동 원리를 스스로 깨쳤다. 또 일본인이 거주하던 왜관을 드나들며 자명종 제작 기술 일부를 익혔다. 당시 조선의 시계 제작자는 자명종 부품을 이용해 새로운 시계를 제작하는 수준에 이르렀다.

1669년 이민철(李敏哲)과 송이영(宋以穎)은 수입한 자명종을 분해해 그 부품으로 혼천시계(渾天時計)를 제작했다. 두 사람은 전통 천문 관측 기계 혼천의(渾天儀)에 최신 서양 기술을 접목했다. 서양 시계는

1657년 시계추의 발명으로 크게 발전했는데 이민철과 송이영이 제작한 혼천시계는 두 개의 시계추로 작동했다. 시계추를 발명한 지 불과 13년이 흐른 시점이었다. 그만큼 조선 시계 제작자의 역량은 세계적 수준이었다.

시계 제작자 가운데 유명한 인물은 이민철과 최천약(崔天若), 나경적(羅景績)이었다. 이이명은 『소재집』에 이민철이 자명종을 분해하자 지켜보는 이들이 경악했다고 썼다. 김려(金鑢)의 「이안민전(李安民傳)」에 따르면 이민철이 아홉 살 무렵의 일이었다고 한다.[41] 아홉 살 꼬마가 자명종을 분해 조립했던 것이다. 17세기 당시 자명종 가격이 예순 냥, 서울 초가집 전세 가격이 마흔 냥가량이었다. 보는 이들이 경악했던 까닭이다.

이규상(李奎象)은 명사(名士) 인물지 『병세재언록(幷世才彦錄)』을 썼다. 이 책에 따르면 조선 최초의 시계 제작자는 최천약이다.[42] 최천약은 영조의 자명종을 수리해 이름을 떨쳤다. 최천약은 자명종을 수리하는 데 그치지 않고 똑같은 자명종을 만들어 영조에게 바쳤다. 기술이 워낙 뛰어나 마술사라는 소문도 퍼졌다.

황윤석은 『이재난고』에서 최천약과 홍수해(洪壽海), 나경적(羅景績)을 자명종 제작의 최고봉으로 꼽았다. 황윤석은 「자명종」이라는 시에서 자명종의 묘리를 알고 싶은 자 최천약과 홍수해를 찾으라고 읊었다.[43] 나경적은 홍대용을 도와 혼천시계를 제작했다. 홍대용은 사설 천문대인 농수각(籠水閣)을 짓고 나경적을 초빙해 혼천시계를 제작했다. 혼천시계는 시간에 맞춰 자동으로 행성의 위치를 보여 주었다. 나경적의 시계 제작 기술과 홍대용의 천문 지식이 합쳐져 농수각은 최첨단 천문대로 거듭났다.

그러나 조정 신료는 시계 제작자를 천시했다. 송이영이 혼천시계를 제작한 일로 승진하자 조정 신료들은 하찮은 기술로 승진했다며 반발했다. 또 이들은 최천약을 두고 왜관에서 기술을 배웠다면서 왜노(倭奴)라 욕했다. 요샛말로 '쪽발이'였다.

조선의 시계 제작자는 정밀한 기계를 다루는 공학자였다. 이들은 하나같이 무에서 유를 일군 시대의 천재들이었다. 그러나 조선의 시계 제작자는 천대 속에 역사의 뒤안길로 사라졌다. 결국 조선은 19세기까지 바늘 하나 만들지 못하는 나라로 남았다. (홍)

조선잡사

5부

불법과 합법 사이

예나 지금이나 생계를 위해 불법과 합법 사이에서 줄타기하는 사람들이 존재한다. 이들의 행위는 한두 번으로 끝나지 않고 직업으로 변하곤 한다. 법의 울타리를 넘나들려면 눈치가 빨라야 한다. 인간의 욕망을 이용할 줄도 알아야 한다. 큰 판을 벌이려면 화폐의 흐름과 금융의 본질에 대한 이해가 필요하다.

소매치기 표낭도, 모조품 유통업자 안화상, 남을 속여 이득을 보는 편사, 기생 관리자 조방꾼 등은 현대 사회에서도 발견된다. 매를 대신 맞는 매품팔이, 군역을 대신하는 대립군 등은 자산이라고는 몸이 전부인 경우다. 그에 비해 고금리 사채를 내는 식리인, 위폐 제조범 도주자, 과거 대리 시험 전문가 거벽은 지능형 범죄자라 하겠다.

정조 임금은 말했다. "온 세상 사람들이 너도나도 거간꾼이나 사기꾼의 무리에 뛰어든 지 오래다." 속임수와 부정행위가 횡행하는 세태를 지적한 발언이다. 조선 후기 직업 사회의 실상이기도 하다.

표낭도,
저잣거리의 소매치기

소매치기는 남의 자루나 전대 속에 무엇이 든 것 같으면 예리한 칼로
째어 빼 간다. 소매치기를 당한 줄 알고 쫓아가면 식혜 파는 골목으
로 요리조리 달아난다. …… 거의 따라가 잡을라치면 대광주리를 짊
어진 놈이 불쑥 "광주리 사려!" 하고 튀어나와 길을 막아 버리니 더
쫓지 못하고 만다.

— 이옥, 「이홍전」

소매치기는 한때 뉴스, 드라마, 영화 등에서 빈번하게 등장하는 직
업적 범죄였다. 최근에는 해외여행 주의 사항의 단골이다. 이들은 사
람이 많이 모이는 곳이면 어김없이 나타난다. 가방이나 지갑 혹은 주

머니를 조심하라고 할 때는 소매치기를 주의하라는 의미다. 조선 시대에도 사람들이 많이 모이는 시장에서 소매치기가 활개를 쳤다. 재빨리 주머니 속의 물건을 훔치는 이들을 빠를 표 자를 써서 표낭자(剽囊者) 혹은 표낭도(剽囊盜)라 불렀다.

「이홍전」에는 간사한 속임수를 쓰는 사람의 하나로 표낭자가 등장한다. 이 글에 등장하는 표낭자는 2인 1조로 활동했다. 한 명이 시장에서 자루나 전대를 칼로 째어 물건을 훔쳐 달아나고, 다른 한 명은 광주리장수로 위장하여 쫓아오는 사람을 막았다. 이옥이 지은 「시간기(市奸記)」에서는 고가의 일본 단도를 두고 김경화(金景華)와 박 씨 사이에 쟁탈전이 벌어지는데, 이때 중요한 역할을 하는 사람이 바로 세 명의 표낭도였다.

부산에 사는 칼 수집가 김경화는 3년 동안 공들인 끝에 순금 서른 냥을 들여 일본산 단도 한 자루를 얻었다. 그는 속향나무로 칼집을 만들고 주석으로 아름답게 장식하여 몸에 차고 서울로 놀러 왔다. 이때 유사한 취향을 가진 박 씨가 1만 2000전을 주며 그 칼을 팔라고 했지만 김경화는 거부했다. 박 씨가 말했다. "어차피 서울에서 소매치기를 당할 테니 돈을 주고 내게 파는 것이 이익이다." 김경화는 결코 소매치기를 당하지 않을 것이라고 자신했다.

곧바로 김경화와 박 씨 사이에 칼 훔치기 게임이 사흘 동안 진행되었다. 박 씨는 서울에서 표낭도 세 명을 섭외했다. 김경화와 박 씨, 그리고 세 명의 표낭도가 한자리에 모였다. 박 씨가 칼을 표낭도들에게 보여 주며 사흘 안에 이 칼을 훔쳐 오면 보수를 넉넉히 주겠다고 약

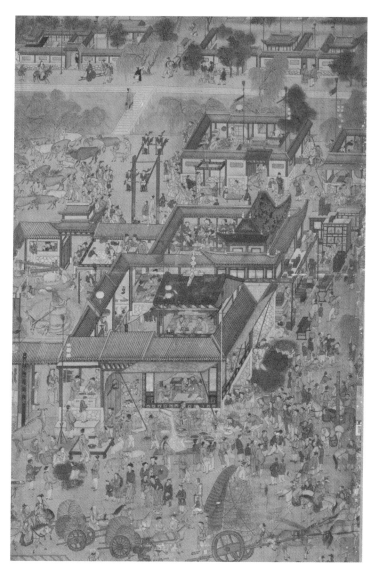

밀집된 도시 풍경을 그린 「태평성시도」(국립중앙박물관 소장)

속했다. 이때부터 김경화는 긴장을 늦추지 않았다. 세 걸음마다 한 번씩 칼을 확인하며 이틀 동안 칼을 지켰다. 드디어 마지막 날이 되었다. 김경화는 청계천 광교 주변에 있었던 다리인 소광통교(小廣通橋)를 지나다가 한 사람과 마주쳤다. 순박해 보이지만 화려한 옷을 입은 그 사람은 김경화에게 왼쪽 어깨에 이가 기어간다고 조롱했다. 김경화는 얼굴을 붉히며 오른손으로 이를 털어 냈다. 그리고 몇 걸음을 떼고 칼을 보았더니 이미 사라졌다. 숙소로 돌아오자 그 칼은 이미 박 씨의 손에 있었다.

홍대용 역시 북경을 방문했을 때 아무리 주의를 기울여도 몸에 지닌 패물과 말안장의 노끈 가죽까지 교묘하게 떼어 가는 소매치기의 기술에 경악을 금치 못했다.[1] 이러한 기록들은 소매치기가 횡행하던 세태를 잘 보여 주고 있다.

1921년 3월 10일 자 《동아일보》에는 재미있는 통계가 등장한다. 소매치기를 '스리도적'이라 불렀는데, 1920년에는 총 333건의 소매치기 사건이 보고되었다고 한다. 전차에서 일어난 사건이 가장 많았으며, 그다음이 정거장과 영화관 순이었다.(전차 233건, 기차 8건, 정거장 대합실 29건, 연극장 3건, 활동사진관 16건, 사람 많이 모인 길거리 23건, 기타 21건) 시기별로는 4~8월이 가장 많고 1월 상순이 그다음이었다. 날씨가 따뜻해 옷이 얇아지고 명절을 전후해 현금이 많아질 때 소매치기가 극성을 부렸다.

이옥은 소매치기 이야기를 다루면서 날이 갈수록 세상이 어지러워지는 원인으로 속임수가 횡행하는 세태를 꼽았다. "예전 사람들은

소박했지만 요새 사람들은 꾀를 부리기를 좋아한다. 꾀는 결국 속임수를 낳는다." (강)

맞아야 산다,
매품팔이

이때 본읍 김좌수가 흥부를 불러 하는 말이

"돈 서른 냥을 줄 것이니 내 대신 감영에 가서 매를 맞고 오라."

흥부 생각하되

'서른 냥을 받아 열 냥어치 양식 사고 닷 냥어치 반찬 사고 닷 냥어치

나무 사고 열 냥이 남거든 매 맞고 와서 몸 조섭하리라.'

— 『흥부전』

10억 원을 준다면 1년 동안 감옥에 있겠는가? 절반이 넘는 고등학생이 그러겠다고 답한 설문 조사에 한동안 떠들썩했다. 그렇다면 질문을 바꿔 보자. 반년치 생활비를 준다면 길이 1.7미터의 나무 몽둥

이로 엉덩이 100대를 맞겠는가? 이 질문에 서슴없이 그러마고 한 사람이 있었다. 『흥부전』의 주인공 흥부다.

흥부는 곤장을 대신 맞아 주면 서른 냥을 주겠다고 제안받는다. 몇 대를 맞는 조건이었는지 모르겠지만 곤장의 최대 한도인 100대는 넘지 않았을 것이다. 그 전까지 흥부가 하던 일은 말 편자 박기(닷 푼), 분뇨 수거(두 푼), 빗자루 만들기(한 푼) 따위였다. 100푼이 한 냥이니, 서른 냥을 벌려면 말 편자 600개를 박거나 화장실 1500곳을 청소하거나 빗자루 3000개를 만들어야 한다. 당시 일용 노동자의 하루 임금이 스무 푼 정도였다. 서른 냥이면 150일 치 임금에 해당한다. 넉넉 잡아 반년 생활비다. 흥부는 제안을 수락하지만 공교롭게도 특별 사면이 내리는 바람에 거래는 무산되고 말았다.

과연 돈을 받고 곤장을 대신 맞아 주는 일이 실제로 있었을까? 소설의 설정에 불과하다고 보는 견해도 있다. 하지만 『승정원일기』에 "돈을 받고 대신 곤장을 맞는다."라는 기록이 더러 보이니 매품팔이의 존재는 엄연한 사실이다.[2]

처음부터 돈을 받은 것은 아니었다. 아들이 늙고 병든 아버지 대신 곤장을 맞겠노라고 나섰다는 기록이 조선왕조실록에 종종 보인다.[3] 아버지 대신 곤장을 맞다가 죽은 아들도 있었다.[4] 비속이 존속 대신 곤장을 맞는 것은 일종의 효행으로 간주하여 암암리에 허용한 듯하다. 주인이 맞아야 할 매를 노비가 대신 맞는 경우도 흔했다. 귀하신 양반은 맞으면 안 되지만 미천한 노비는 된다는 것이다. 이것이 어느새인가 거래로 바뀌었다.

김준근 「형정풍속도」(숭실대학교 한국기독교박물관 소장)

조선 후기 문인 성대중의 『청성잡기(青城雜記)』에는 직업적 매품팔
이가 등장한다. 그가 곤장 100대를 맞고 받는 돈은 고작 일곱 냥이
다. 욕심쟁이 아내가 채근하는 바람에 하루 세 차례나 매품을 팔던
그는 결국 곤장을 맞다가 죽고 말았다.[5]

홍부는 서른 냥이나 받기로 했는데 어째서 그는 일곱 냥밖에 못

받은 것일까. 조선 시대 법전에 따르면 곤장 100대는 일곱 냥의 벌금으로 대납이 가능하다. 매품팔이의 품삯이 일곱 냥을 넘으면 고용할 이유가 없다. 벌금을 납부하면 그만이다. 흥부가 서른 냥을 받기로 했다는 말은 과장이다.

받은 돈을 다 갖는 것도 아니다. 곤장을 치는 형리와 나누어야 한다. 『청성잡기』에는 매품팔이가 형리에게 줄 돈을 아끼다가 호되게 곤장을 맞고 죽을 고비를 넘겼다는 이야기도 있다.[6] 곤장을 치는 횟수는 정해져 있지만 강도는 치는 사람 마음이다. 형리에게 뇌물을 주고 살살 치게 했다는 기록은 셀 수 없이 많다. 뇌물을 주지 않아 허리를 맞고 불구가 된 사람도 있다. 매품팔이가 손에 쥐는 돈은 얼마 되지 않았을 것이다.

돈을 받고 명의를 빌려주는 바지 사장처럼, 돈을 받고 곤장을 맞아 주는 매품팔이는 사법 질서를 문란케 하는 존재다. 하지만 그 또한 살기 위한 발버둥이었다. 편하게 큰돈을 벌었다면 모르거니와 푼돈에 목숨을 걸었던 그들을 비난할 수 있을까. 그들 역시 허술한 법제도의 피해자였을 뿐이다. (장)

거벽,
과거에 합격시켜 드립니다

유광억은 경남 합천군 사람이다. 시를 대강 할 줄 알았으며 과체(科
體)를 잘한다고 남쪽 지방에서 소문이 났으나 집이 가난하고 신분도
미천했다. 먼 시골 풍속에 과거 글을 팔아 생계를 삼는 자가 많았는
데 유광억 또한 그것으로 이득을 보았다.

— 이옥, 「유광억전」

조선은 국가를 운영하는 관리를 시험으로 뽑았다. 그게 뭐 그리
놀라운 일인가 하겠지만, 고위 공직자를 시험이라는 객관적 평가로
선발한 나라는 중국, 한국, 베트남뿐이다. 정치권력이 세습된 귀족 사
회에 비하면 합리적이고 진일보한 사회임에 틀림없다. 귀족 사회인 신

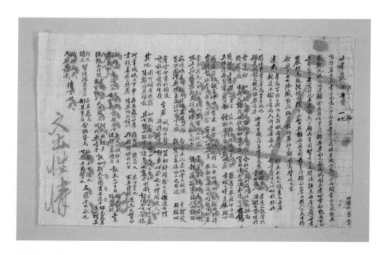

채점한 표시가 보이는 과거 시험지(국립민속박물관 소장)

라 시대의 눈으로 고려와 조선을 보면 참으로 놀라운 세상임이 분명하다.

그런데 그 시험이 과연 공정했을까? 『성종실록』과 이수광의 『지봉유설』에 따르면 과거 시험장에 대놓고 책을 갖고 들어갔다 하니 그렇지 않았던 모양이다. 예상 답안지를 만들어 들어가는 행위, 시험지 바꿔치기, 채점자 매수, 합격자 이름 바꿔치기, 시험장 밖에서 작성한 답지 들여보내기 등 기상천외한 부정행위가 난무했다.

이익의 『성호사설』, 박제가의 『북학의』, 한양의 풍물을 노래한 「한양가」를 보면 과거 시험장은 한마디로 난장판이었다. 난장판이 되어 버린 과거 시험장 주변에는 공정성이 완전히 무너졌음을 보여 주는 용어들이 난무했다. 과장에 들어갈 때 예상 답안지나 참고 서적을 넣고 들고 가는 책행담(册行擔), 작성된 답지를 대신 필사해 주는 서수(書手), 몸싸움을 벌여 좋은 자리를 잡아 주는 선접군(先接軍), 과거 시험장에서 상부상조하기로 한 팀을 일컫는 접(接), 좋은 자리를 선점하기 위해 치열하게 경쟁하는 쟁접(爭接) 등이 버젓이 활동했다.

가장 심각하면서도 충격적인 존재는 거벽(巨擘)이다. 거벽은 과거 시험 답안지를 대신 작성해 주는 일종의 대리 시험 전문가다. 유모(乳母)라는 은어로 불리기도 했다. 『정조실록』에 따르면 서울의 고봉환(高鳳煥), 송도의 이환룡(李煥龍), 호남의 이행휘(李行輝), 호서의 노긍(盧兢) 등이 대표적이었다.[7] 영남의 거벽 유광억은 이옥이 지은 「유광억전」의 주인공이기도 하다.

유광억은 부잣집 아들의 과거 시험 답안지를 대신 작성하여 합격시켜 주고 많은 돈을 벌었다. 그의 명성은 나이가 들수록 점점 높아 갔다. 어느 날 경시관(京試官, 서울에서 파견된 시관)이 영남 지방으로 내려와 감사에게 인재를 추천받았는데 바로 유광억이었다. 경시관은 이번 과거 시험에서 그의 답지를 골라 장원으로 뽑겠다고 장담했다. 감사와 경시관은 내기를 벌였다.

과거 시험이 시작되자 경시관은 첫 번째로 들어오는 답안지를 보고 바로 유광억의 것이라고 확신하여 곧 장원으로 뽑았다. 이어 2등과 3등을 결정한 후 답안지에 붙어 있는 미봉(彌封, 응시자의 정보를 적어 봉한 것)을 떼어 보았는데 모두 유광억의 이름은 없었다. 경시관이 몰래 조사해 보니 놀랍게도 세 답안지 다 유광억이 대리로 작성한 것이었다. 수수료의 많고 적음에 따라 답안지를 작성해 준 것이다.

「풍속도병풍」 중에서 과거 보는 모습(국립중앙박물관 소장)

경시관은 자신의 안목이 부정당하는 것이 두려웠다. 그래서 자기 눈이 틀리지 않았다는 증거로 삼기 위해 유광억을 서울에 압송시키려 했다. 압송을 앞둔 유광억은 과적(科賊, 과거 시험 부정행위자)으로 몰려 죽음을 면치 못할 것이라는 생각에 자살을 선택한다. 경시관은 유광억이 죽었다는 소식을 접하자 안타까운 마음을 금하지 못했고, 주변 사람들도 그의 재능을 아까워했다. 뛰어난 글재주를 지녔지만 부정행위 말고는 달리 재주를 발휘할 곳이 없었던 불행한 문인의 최후였다. 한편 이 이야기를 기록한 이옥은 "주는 것과 받는 것은 죄가 같다."라는 법전의 문구를 인용하면서 유광억과 당시 과거 시험장에 만연한 부정행위를 동시에 비판했다. (강)

연희 전문가,
조방꾼

"한양의 기생 중에 누가 가장 유명하지? 소아라고 한다. 그녀의 조
방꾼은 누구냐? 최박만이라고 하지."

— 박지원, 「광문자전」

지친 하루를 마치고 집에 오면 금방 잠들만도 하건만, 생각으로 꽉
찬 머리를 비우지 않고는 잠자리에 들기가 항상 어색하다. 새벽까지
방영되는 드라마는 이런 고민을 깔끔하게 해결해 준다. 텔레비전 다
시 보기로 몇 년 전에 방영되었던 드라마를 불러들여 채널을 고정한
다. 홍길동이 주인공인 드라마에서 홍길동이 방물장수, 짐꾼 등 갖가
지 직업을 전전하다 조방꾼 노릇을 하게 되는 장면이 나온다.

조방(助房)이란 기생의 일정과 수입을 관리하는 직업이다. 「춘향전」, 「배비장전」 등의 고전 소설과 일제 강점기에 활동한 기생의 이미지 때문에 기생 하면 으레 접대부를 떠올리지만, 이들은 관에서 체계적으로 관리했고 다양한 직군에서 활동했다. 각종 국가 행사에 동원되어 춤과 노래로 흥을 돋우는 것 역시 기생의 중요한 역할이었다. 따라서 본디 국가의 소유물인 기생이 사사로이 일반 남성을 접대하는 것은 불법이다.

그러나 수요가 있는 곳에는 반드시 공급이 따른다. 연산군 시대에 이미 사사로운 욕심을 부려 기생을 차지한 기부(妓夫, 기생 서방)의 명단인 기부안이 작성되었다. 여기에 이름이 올라간 모든 사람을 처벌했다. 특히 가장 심하게 여겨진 이세걸(李世傑)의 경우 종친인데도 참

기생들(수원광교박물관 소장)

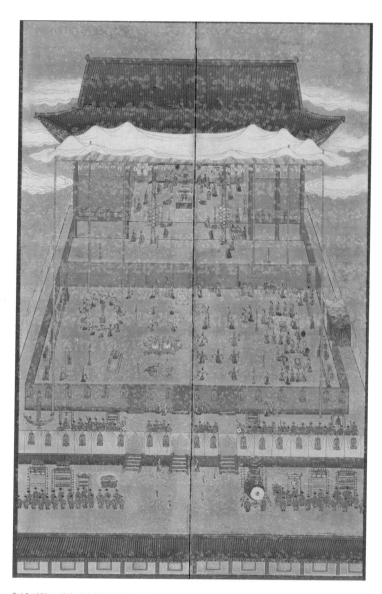

「신축진찬도」에서 연회 부분(국립중앙박물관 소장)

형에 처했다는 기록으로 보건대 조선 전기부터 기생과 손님을 연결해 주는 조방의 흔적이 보인다.[8]

전문적인 직업으로서 조방은 18세기 중반 연암 박지원의 「광문자전(廣文者傳)」에 처음 등장한다. 한양에서 제일가는 기생 소아의 조방이 바로 최박만이다. 소아를 만나기 위해서는 반드시 최박만을 거쳐야 했다. 최고의 기생에게는 최고의 조방이 어울렸다.

조수삼은 조방에 대한 재미있는 일화 두 편을 『추재기이』에 실어 놓았다. 기생을 미끼로 한번에 열 명의 손님을 속여 많은 돈을 번 이중배(李仲培)라는 조방이 등장한다. 기생과 잔치를 즐기려는 십여 명의 남자들에게 사기를 쳐 하룻밤 사이에 100냥을 빼앗은 인물이다.

또 다른 조방은 준수한 외모에 말솜씨도 뛰어난 최 씨였다. 그는 관청과 민간의 기생은 물론 남성 접대부까지 조직적이고 체계적으로 관리했다. 특히 철저한 비밀주의 영업 전략을 고수하여 날마다 부유층 자제들을 모아 파티를 열었는데도 소문이 나는 법이 없었다. 사람들은 손님의 비밀을 엄수하는 그를 아방한(啞幇閑), 즉 벙어리 조방꾼이라 불렀다. 남몰래 유흥을 즐기고 싶은 바람기 많은 남녀 고객들이 모두 그에게 몰려들었다.[9]

지금까지 조방에 대한 인식은 다소 부정적이었다. 기생을 착취하는 포주나 기둥서방 같은 존재로 여겨졌기 때문이다. 하지만 기생은 조선 시대 엔터테인먼트 사업의 핵심이었으며, 기생의 매니지먼트를 담당하는 조방의 존재는 필수적이었다. 이능화(李能和)의 『조선해어화사(朝鮮解語花史)』에 따르면 1917년 모 백작이 최초의 기생 조합인 다동조합(茶洞組合)을 창설했다고 한다. 기생 산업의 기업화라 할 만한 사건이다. 이처럼 근대에 들어서면서 국가가 기생을 관리하는 관기(官妓) 제도는 폐지되고 기생은 권번(券番)이라는 조합에 소속되었다. 서울의 기생은 네 개의 권번을 중심으로 재편되었으며, 조방이라는 직업은 없어졌지만 그 역할은 더욱 조직화되고 체계화되었다.

그 결과 '말을 알아듣는 꽃'은 전문 교육 기관이 생길 만큼 철저하게 기업적으로 발굴, 양성, 관리되었다. 이는 기생 중심의 엔터테인먼트 사업이 개인의 영역에서 기업의 영역으로 확대되었음을 보여 준다. 일제 강점기 가수와 배우 상당수가 권번 출신의 기생이었다는 사실은 당시 대중문화 현장에서 그 영향이 대단했다는 방증이다. 이제 세계인의 마음을 사로잡고 있는 우리의 문화 콘텐츠 뒤에도 현대화, 기업화한 매니지먼트 시스템이 있다. (강)

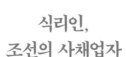

식리인,
조선의 사채업자

근래 백성들의 폐단이 한두 가지가 아니지만 사채가 특히 심합니다. 흉년에 가난하고 초췌한 백성들이 먹고살 길이 없어 마침내 모두 부잣집으로 몰려가서 사채를 빌려다가 두 배의 이자로 갚고 있습니다. …… 만약 갚지 못하고 본인이 먼저 죽으면 기필코 그 자손과 친족에게 거둡니다.

—『승정원일기』 영조 1년(1725) 7월 16일

가계 대출, 기업 대출, 주택 담보 대출 등의 용어가 모든 매체에서 넘쳐 나고 있다. 은행 문턱이 높기만 한 서민들은 사채 시장으로 들어갈 수밖에 없는 것이 현실이다. 그런데 이는 자본주의가 본격화된 근

조선잡사

대 이후의 현상만이 아니다.

　조선 역시 대출 사업이 매우 성행한 나라였다. 조선 초기부터 쌀이나 비단으로 대출 사업용 펀드인 대금(貸金)을 조성했고, 18세기부터는 화폐가 그 자리를 대신했다. 대출 자금 조성 행위를 입본(立本)이라 하고 대출 사업은 급채(給債), 방채(放債), 흥리(興利), 식리(殖利)라 했는데 식리가 가장 일반적으로 쓰였다. 대출 이자를 이식(利息)이라 하고 50퍼센트가 넘는 고금리를 장리(長利)라 불렀다.

　대출 사업자의 공사에 따라 공채(公債)와 사채(私債)로 구분했으며, 해당 분야 전문가를 흥리인(興利人) 혹은 식리인(殖利人)이라 불렀다. 『성종실록』에는 연행 가는 사신들이 이들을 하인으로 가장시켜 데리고 가서 무역을 담당하게 했다는 내용이 나온다. 따라서 식리인은 상업 전문가에서 출발하여 점차 금융 전문가로 분화된 듯하다. 말동(末同), 김모지리(金毛知里), 검동(檢同)과 같이 하인으로 추정되는 이름이 등장하는데 이는 식리인의 신분이 매우 다양했음을 보여 준다.[10]

　조선 건국 초기부터 대출 사업은 관에서 주도했다. 지방관들이 펀드를 조성하고 이를 민간에 대출하여 이자 수입으로 부족한 예산을 충당했는데, 특히 지역의 방위비 조달을 위해 가장 많이 활용되었다. 부족한 지방 예산을 마련할 대안이 달리 없었으므로 지방관의 대출 사업은 조선 말기까지 성행했고, 탐관오리와 민간인들의 결탁으로 많은 폐해를 낳았다.

　이 과정에서 대출 금리 책정이 가장 큰 문제였다. 조선 초기부터 어느 정도 예외는 있었으나 공채와 사채의 대출 금리는 각각 20퍼센

식리인의 장부(국립민속박물관 소장)

트와 50퍼센트가 일반적이었다. 이처럼 공식적으로 등장하는 대출 금리와 달리 『무명자집』에는 매우 극단적인 사례가 등장한다. 대출 금리가 연 100퍼센트에 이르고 1년 후 원금과 이자를 합친 금액을 다시 원금으로 계산하여 연 100퍼센트의 이자를 매긴다. 일수(日受)도 등장하는데 이는 매일 2퍼센트의 이자와 원금을 분할 상환 형식으로 받는다. 2개월에 20퍼센트의 이자와 원금을 모두 상환하는 상품이다. 향도미(香徒米)라는 상품은 쌀을 대출하는 방식이며 금리가 200퍼센트에 이른다. 사채를 빌려 쓴 서민의 고통을 짐작할 만하다.

사채의 고금리로 인한 갈등은 빈번했고 극단적인 경우 살인 사건도 발생했다. 한윤옥(韓潤玉)이 한명회의 사채를 거두는 과정에서 저지른 살인 사건과 윤필상(尹弼商)이 의금부 나장(羅將)을 시켜 사채를 독촉하여 받다가 발생한 살인 사건이 대표적이다.[11] 결국 중앙 정부가 나서 『경국대전』에 대출 금리가 연 20퍼센트를 넘지 못하게 규제하는 조항을 넣었다. 그리고 이자를 갚지 못해 몇 년 동안 계속 누적되더라도 갚아야 할 이자 총액이 원금의 50퍼센트를 넘지 못하게 했는데 이를 '자모정식(子母定式)'이라 했다.

세종의 사위 윤사로(尹師路)를 비롯하여 한명회, 윤필상 등 고관대작들은 물론이고 승려, 생원·진사의 자치 협의 기구 사마소(司馬所)도 사채업에 종사했다. 「허생전」의 등장인물 변승업 역시 사채업으로 많은 돈을 모은 것으로 추정된다.

『목민심서』에 등장하는 전라 감영의 아전 최치봉(崔致鳳)은 대표적인 사채업자였다. 그는 전라도 전체 쉰세 개 읍에 각 두세 명의 아전을 포섭하여 스스로 맹주가 되었다. 매년 수십만 냥을 조성하여 자신이 포섭한 아전들에게 나누어 주어 민간인을 대상으로 사채놀이를 하게 했다. 청렴하고 법을 잘 지키는 관리를 중상모략하고, 탐관오리의 비리가 담긴 기록물을 모두 빼내어 삭제해 주면서 자신의 위상을 세웠다. 그러던 중 이노익(李魯益)이 전라 감사로 부임한 지 열흘 만에 최치봉을 잡아들여 죄를 묻고 곤장을 쳤다. 그로부터 최치봉은 서너 고을을 옮겨 다니며 수감되었는데, 결국 고창에서 죽음을 맞이했다.

다산은 "타일러도 깨닫지 못하고 가르쳐도 고치지 않으며 끝내 허물을 뉘우칠 줄도 모르고 사기만을 일삼는 아주 간악한 자는 형벌로 다스려야 한다."라고 하면서 그 근거로 악덕 사채업자인 최치봉을 제시했다.

개성의 경제계를 지배하는 원동력은 말할 나위 없이 특산물인 인삼이다. 그 제조량은 매년 1만 5000근을 내려가지 않고 그 가격은 약 100만 원이다. 개성의 경제 세력은 단지 개성 부근에 머물지 않고 멀리 진남포, 인천, 서울 방면에 미친다.

—『재무주보』48호, 1908년

한편 자금의 대출자와 차입자를 연결해 주는 환도중(換都中)이라는 사람이 있었다. 환전거간(換錢居間)이라고도 한다. 환도중의 중개를 통해 연 15퍼센트, 월 1.25퍼센트 정도의 이율로 '시변(時邊)'이라는 신용 대출이 이루어졌다. 조선 시대 일반적인 금리가 연 50퍼센트 정도였다는 점을 감안하면 매우 저렴한 금리다.

시변을 통해 급히 필요한 자금을 주로 확보했던 개성 상인은 송상(松商)이라고도 한다. 조선 초기부터 개성 사람은 관직에 진출하기 어려웠기 때문에 상업에 주력했다. 개성의 특산물 인삼은 같은 면적에서 곡물을 생산하는 것보다 열다섯 배 이상의 이익을 볼 수 있었다. 개성 상인은 인삼을 대량으로 재배하고 송방(松房)을 통해 판매하여 전국적인 유통망을 형성했다. 의주를 통한 청나라와의 무역과 동래 왜관에 상주하는 일본인과의 무역에도 활발히 참여했다. 이들은 서양보다 200년이나 앞서는 독특한 복식 부기법인 사개치부법(四介治簿法)을 창안하여 활용했다. 유력 가문의 자제를 어릴 때부터 다른 유력 상인의 사환으로 보내 실무를 가르쳐 경영자로 길러 내는 '차인(差人)'이라는 인큐베이팅 시스템도 있었다.[12]

시변의 결제일은 항상 매월 말일이었다. 월말이 다가올수록 대출금의 상환 기간이 줄어들어 금리가 조금씩 떨어지는데 이를 '낙변(落邊)'이라고 한다. 시변의 금리는 월 1.25퍼센트인데, 매월 1~5일 사이에 빌리면 1.25퍼센트가 모두 적용되고, 6~10일 사이에는 1퍼센트, 11~15일 사이에는 0.75퍼센트, 26일 이후에는 그달의 이자를 부담하지 않는 방식이다.

환도중의 조합 대표와 거래자 대표는 매년 두 차례(2월 25일, 7월 25일) 환도중의 동업 조합 박물계(博物契, 환계(換稧)라고도 한다.) 사무소에 모여 금리를 결정했다. 시변은 오늘날 은행 간의 단기 거래에 적용되는 콜 금리와 비슷하며, 금리를 결정하는 방식 역시 한국은행에서 기

준 금리를 결정하는 방식과 유사하다.[13]

환도중의 중개 수수료는 대출금의 0.15퍼센트였다. 1만 냥을 1장 (張)이라 부르는데, 1장이면 환도중의 몫은 열닷 냥이다. 0.15퍼센트의 수수료율은 일제 강점기까지도 유지되었으며 수수료는 차입자에게 받았다. 1000원 미만의 소액 대출도 있었지만 몇만 원, 10만 원에 이르는 거액이 오가는 경우도 많았다. 따라서 시변은 상당한 자본력을 가진 사람만 이용할 수 있었으며, 중소 상공업자나 일반 서민과는 거리가 멀었다. 하지만 신용 거래를 바탕으로 신용 전표인 환(換)과 어음(於音)이 보편화되면서 휴대가 불편한 동전보다 널리 사용되었다.

환도중을 비롯하여 시변의 대출자와 차입자는 모두 신용이 두터웠으며 별명을 사용했다. 일단 거래가 이루어지면 대출자, 환도중, 차입자는 대출금을 결제할 때까지 만날 일이 없었다. 일제 강점기 일본인들이 시변 거래에 세금을 매기려 했지만 방법이 없어 실패할 정도로 비밀 보장이 확실했다.[14]

1912년을 전후하여 개성의 식산은행(殖産銀行), 한성은행(漢城銀行)과 같은 금융 기관의 총 예금액이 100만 원 정도였는데 환도중을 통한 시변의 유통액은 700~800만 원에 달했다. 1939년까지 시변의 유통액이 연간 300만 원 정도였다고 하니 비교적 최근까지도 환도중을 통한 금융 거래가 활발히 이루어졌음을 알 수 있다.[15] 환도중은 시변이라는 제도를 통해 대출자와 차입자가 아무런 담보 없이 자금을 거래하도록 중개했다. 금리 결정도 주관했던 만큼 오늘날의 은행과 유사한 점이 많다. (강)

안화상,
진품 같은 짝퉁 팝니다

도라지를 인삼으로, 까마귀 고기를 꿩고기로, 말고기를 소고기로
속이는 자도 있고, 누룩에 술지게미를 섞고 메주에 팥을 섞는 자도
있다. 그 밖에도 이루 셀 수 없을 정도다. 요즘은 소금이 귀한데 간신
히 사고 보면 메밀가루를 섞어 놓았다.

— 윤기, 『무명자집』

　조선 후기 서울에는 세 군데 큰 시장이 섰다. 운종가(종로2가), 배오
개(종로5가), 소의문(서소문동)이다. 사람이 하도 많아 어깨와 등이 부딪
치고 갓을 똑바로 쓰지 못할 정도였다고 한다. 그중에서도 난전이 난
립한 서소문 시장은 짝퉁의 온상이었다. 한 사람만 속이면 열 배 백

배의 이득을 볼 수 있었다.

서울내기 이생(李生)은 서소문 시장에서 나고 자란 사람이었다. 짝통 상인에게 속는 어리숙한 시골 사람을 비웃으며 자기는 절대 속지 않을 것이라 자부했다. 하루는 시장을 지나가는데 아이와 상인이 다투고 있었다. 상인은 아이가 가져온 물건을 열 푼에 넘기라 하고, 아이는 그 돈으로는 못 준다며 실랑이를 벌였다. 상인이 훔친 물건이 아니냐며 의심하자 아이는 상인에게 온갖 욕을 퍼붓고 달아났다. 이생이 아이가 가진 물건을 보니 진귀한 황대모(黃玳瑁, 바다거북 등껍질)였다. 이생은 아이를 달래어 열두 푼에 물건을 넘겨받았다. 그런데 나중에 알고 보니 염소 뿔로 만든 가짜였고, 아이는 상인의 아들이었다. 이생은 부자의 연극에 감쪽같이 속아 넘어간 것이었다. 이옥의 「시장 사기꾼에 관한 기록(市奸記)」에 나오는 이야기다.[16] 짝통이 범람하는 조선 시대 시장의 실상을 보여 준다.

짝통 상인의 표적은 귀한 약재와 골동품이었다. 가장 심한 것은 인삼이었다. 대동법이 시행되면서 인삼 납품은 공인(貢人)이 담당하게 되었다. 인삼의 수요는 갈수록 늘어났지만 화전 개간으로 인삼 산지는 갈수록 줄어들고 있었다. 도저히 가격을 맞출 수 없었던 공인들은 도라지와 더덕을 아교로 붙이거나 인삼 껍데기에 족두리풀 가루를 채워 넣어 가짜 인삼을 만들었다.[17] 이를 조삼(造蔘)이라고 한다. 심한 경우에는 납을 넣어 무게를 늘렸다.[18] 쓰시마 번주가 조선 상인에게 사들인 가짜 인삼을 에도 막부에 바쳤다가 가짜라는 사실이 밝혀지면서 외교 문제로 비화한 적도 있다.[19] 영조 때 편찬된 법전 『속대전』

숭정황제 어필(국립중앙박물관 소장)

에 인삼 위조에 대한 처벌 조항이 실릴 정도였다.[20] 위폐 제조에 준하여 엄벌했지만 가짜 인삼은 사라지지 않았다. 심지어 임금에게 바치는 진상품조차 작은 인삼을 풀로 붙여 크게 만든 부삼(付蔘)이었다.

골동품도 짝퉁이 많은 품목이다. 『추재집』에 이런 이야기가 있다. 손 씨 노인은 골동품 애호가였지만 감식안이 없었다. 상인들이 가져온 가짜 골동품을 비싼 값에 구입하는 일이 허다했다. 많던 재산은 순식간에 거덜 나고 끼니를 걱정하는 처지로 전락했다. 이웃 사람이 불쌍히 여겨 밥을 갖다주면 손을 저으며 말했다. "남의 도움은 필요 없소." 그는 끝까지 속은 줄 몰랐던 것일까, 아니면 속은 줄 알면서도 인정하고 싶지 않았던 것일까.[21]

짝퉁이 정치적으로 이용된 사례도 있다. 1669년 중국에 사신으로 간 민정중은 명나라 마지막 황제 의종(毅宗)의 어필을 구해 왔다. 예가 아니면 행하지 말라, '비례부동(非禮不動)' 네 글자였다. 송시열은 어필을 받아 보고 감격하며 화양동 바위에 새겨 놓았다. 그러나 이 네 글자가 의종의 어필이라는 증거는 어디에도 없다. 조선 사신들이 중국에 가면 짝퉁 상인들이 몰려와 온갖 가짜 물건을 팔았으니 이 역시 가짜라고 보는 것이 타당하다.

송시열이 세상을 떠난 뒤 비례부동 네 자를 새긴 자리에는 만동묘(萬東廟)가 들어섰다. 송시열의 문인들은 이곳에서 임진왜란 때 구원병을 보내 준 명나라 신종(神宗)과 마지막 황제 의종의 제사를 지냈다. 만동묘는 숭명배청(崇明排淸)의 이념을 상징하는 노론의 성지가 되었다. 노론이 권력을 장악하면서 숭명배청은 국가의 지배 이념으로 자리 잡았으며, 조선 왕조는 멸망할 때까지 이를 견지했다. 모두 의종의 어필이 계기가 되어 일어난 사건이었다. 짝퉁 한 점이 조선 정치사의 판도를 바꾼 것이다. (장)

편사,
욕망을 먹고사는 사기꾼

세상에 이러한 인간들이 있은 지 오래다. 간교함이 날로 심해지고 사기가 날로 들끓고 있다. 굶어서 죽은 시체를 업고서 밤에 남의 집 문을 열어젖히고 주인을 급히 부른다. 성질을 돋게 하여 서로 주먹질을 하는 데까지 이른 뒤에 비로소 큰 소리로 "주인이 내 친구를 죽였다. 관가에 고발하겠다."라고 한다. 주인이 영문도 모르고 무거운 대가를 치르고서야 일이 겨우 가라앉게 된다.

― 이옥, 「성진사전」

유약하고 졸렬한 사람이 억센 사기꾼에게 놀아나는 세상. 이런 세상은 늘 있어 왔고 앞으로도 계속될 것이다. 역사에 기록된 사기 사건들은 오늘과 크게 다르지 않다. 시장에서 가격을 속이고, 짝퉁을 진짜라 속이고, 없는 죄를 만들거나 자기 죄를 남에게 덮어씌우고, 각종 비용이나 투자금을 가로채는 등의 유형이 가장 일반적이다. 이처럼 예나 지금이나 반복적이고 의도적으로 남을 속여 각종 이득을 취하는 사람을 사기꾼이라 하고, 조선 시대에는 편사(騙詐)라 불렀다.

『광해군일기』에 중앙 정부의 재정을 대상으로 한 사기 사건이 간략하게 기록되어 있다. 지방에서 거둬들인 전세(田稅)가 서울에 도착하자마자 사기꾼들이 명사의 이름을 사칭하여 빼 가는 일들이 상당히 빈번했음을 보여 준다.[22] 그런데 18세기 후반 이후로는 이러한 기록들이 유독 자주 눈에 띈다. 정조는 초계문신들에게 당대의 폐습을 말하며 "온 세상의 군중들이 내달리듯 거간꾼(장쾌)이나 사기꾼(편사)의 와중(窩臼)으로 빠져든 지 무려 몇 년이 되었는가?"라고 한탄하기도 한다.[23]

풍속이 각박해서 사기꾼이 창궐하기도 하지만 그 속에는 빈곤의 문제도 도사리고 있었다. 이옥의 「성진사전」에는 이 두 가지 문제의식이 동시에 드러난다. 친구의 시체를 활용하여 돈을 뜯어내는 간교한 사기 사건을 예로 들어 세태를 비판하는 한편, 죽은 아이의 시체를 활용하여 부잣집 새물을 탈취하는 생계형 사기꾼이 동시에 등장한다. 한편 『청구야담』에 실려 있는 「이씨 무인 이야기(李節度窮途遇佳人)」에는 세상 물정에 어두운 시골 무인의 전 재산 300냥을 한양의 사기꾼이 가로채는 사기 사건이 드라마처럼 펼쳐진다.

시골 무인이 벼슬을 구하기 위하여 서울로 올라왔는데 눈앞에 병조 판서의 사환이 나타났다. 무인이 건장한 노복을 데리고 좋은 말을 타고 오는 모습을 보고 벼슬을 구하기 위하여 지방에서 상경했음을 알아차린 사기꾼이 위장하여 접근한 것이다. 그러나 세상 물정에 어두운 무인은 사환의 갑작스러운 등장을 의심하기보다는 기회로 받아들였다. 사기꾼은 바로 작업에 들어갔다. "나리 행중에 지니신 것이 얼마나 되시는지요?"라는 물음에 바로 "300냥이다."라는 답을 하는 순간 무인은 사기꾼의 손아귀에 떨어진다. 사기꾼은 차근차근 그에게서 돈을 뜯어내기 시작한다.

사기꾼은 세 명의 인물을 조작하여 등장시킨다. 첫 번째는 과부로 지내는 병조 판서의 누님이다. 그것도 매우 극진히 생각하여 웬만한 부탁이라면 들어주는 누님이다. 두 번째는 병조 판서가 매우 신뢰하여 자문을 구하는 동료다. 세 번째는 병조 판서의 애첩이다. 더욱 치밀한 것은 뇌물의 배정이다. 무인이 가진 돈이 300냥임을 확인한 사기꾼은 300냥에 맞게 작업한다. 병조판서의 피붙이로 조작된 인물에게 100냥, 신뢰에 근거하여 공적 의견을 나누는 동료에게 쉰 냥, 총애하는 애첩에게 쉰 냥, 그리고 무인의 외모를 꾸미는 데 쉰 냥, 총 250냥을 배분한 것이다. 나머지 쉰 냥은 무인이 서울에서 생활하는 데 필요한 비용이다. 누가 봐도 완벽한 섭외 대상을 꾸며 내고 뇌물을 쓰되 무인 자신에게 투자하는 것까지 마련했으니, 무인이 사기꾼에게 넘어가는 것은 당연했다.

어느 영화의 마지막 내레이션이 떠오른다. "지금 이 사람은 상식보다 탐욕이 크다. 탐욕스러운 사람, 세상 물정을 모르는 사람, 반대로 세상 물정을 잘 안다고 잘난 체하는 사람. 모두 다 우릴 만날 수 있다. 사기는 테크닉이 아니다. 사기는 심리전이다. 그 사람이 뭘 원하는지, 그 사람이 뭘 두려워하는지 그것만 알면 된다." 조선의 사기꾼들 역시 잘 모르는 것에 대한 두려움, 상식을 벗어난 욕망을 활용했다. 이처럼 사기꾼은 인간의 두려움과 욕망을 화폐로 전환시킬 줄 아는 전문가다. 이옥이 말했듯이 참으로 험악한 일이다. (강)

조선잡사

도주자,
위조 화폐 제작업자

남몰래 돈을 주조하다가 적발된 자는 대적(大賊)으로 처단하지 않을 수 없습니다. 돈이란 본시 큰 이권이 있는 것이라 아무리 엄하게 금지하더라도 위조를 막기 어렵습니다. 요사이 듣자 하니 화폐를 위조하다가 발각되면 직접 만든 사람은 사형에 처하고 공범으로 도와준 사람은 유배에 그치기 때문에 화폐를 위조하다 체포된 자는 모두 단순히 도와주기만 했다고 변명하여 죽음을 모면한다고 합니다.

—『비변사등록』

임진왜란 이후부터 동전의 유통을 위한 지속적 노력으로 1678년에 상평통보의 발행과 유통 체계가 완성되었다. 그 결과 동전의 유통

범위가 상인이나 일부 부유층을 넘어 일반 백성으로 확대되기 시작했다. 18세기 초에 이르면 통화량이 급증하고 18세기 중반을 전후하여 전면적인 화폐 경제 생활로 전환되기에 이른다.

이러한 과정에서 동전 제작에 민간이 합법적으로 관여하다 보니 지방으로까지 확산되어 널리 퍼지게 되었다. 특히 구리로 동전을 위조하면 세 배 정도의 이익이 발생했으므로 민가에서 놋그릇 절도가 횡행할 정도였다. 이는 결국 동전 유통에 혼란을 야기하므로 국가에서 엄하게 금지시켰다. 문제는 화폐 제작 기술이었다. 동전 제작을 민간이 담당했으므로 민간의 제작 기술은 국가의 통제를 벗어났다. 따라서 국가의 명령을 어기고 불법으로 동전을 제조하는 일이 계속되었는데, 이러한 위조 화폐 제작업자를 도주자(盜鑄者)라고 했다.

화폐 위조는 조선 초부터 큰 문제로 대두되었다. 집현전 직제학(直提學) 이계전(李季甸)이 지폐(저화(楮貨)) 위조 폐단의 심각성을 제기한 기록이 있다.[24] 동전 사용이 본격적으로 시행된 17세기 말에 이르면 동전 위조가 매우 심각한 국가적 문제로 떠올랐다. 1695년 영의정 남구만(南九萬)은 화폐 위조의 폐단을 막기 위해 제작자는 물론 공범까지 강하게 처벌해야 한다고 주장했고, 숙종 역시 이를 허락했다.[25]

정부의 강력한 단속으로 위조 화폐 제작업자들은 서서히 서울을 떠나 산속이나 도서 지역으로 이동했다. 심지어 바다에 배를 띄우고 그 안에서 위폐를 제조했다. 영·정조 시대에도 위조 화폐와의 전쟁은 계속되었다. 『승정원일기』에는 1724년 인천 앞바다에 있는 선갑도(先甲島)의 위조 화폐 제작 현장을 급습한 내용이 등장한다. 단속 정보가 새어 나가 위조 화폐 제작업자들을 놓쳤지만 현장에서 화폐 위조를 위해 사용했던 구리 3000근, 납 2000근, 석탄 200섬 등을 압수했다.[26] 그 양이 실로 어마어마하여 위조 화폐 제작의 규모를 알 수 있다. 이옥이 남긴 「석굴 도주자(石窟盜鑄)」라는 글에서도 위조 화폐 제작 현장과 그 실상이 잘 드러난다.

경상남도 진주 지역의 토포군(討捕軍)이자 최고의 염탐꾼 허남(許男)의 눈에 아름다운 세 명의 여성이 들어왔다. 그들은 돈을 물 쓰듯 하면서 많은 물건을 구입했다. 구입한 물건을 다섯 명의 짐꾼이 운반했다. 허남은 뒤를 밟았다. 그들이 도착한 곳은 고성(固城)의 한 동굴이었다. 동굴 안에 쇠를 녹이는 십여 개의 화로가 있고, 사람들이 가짜 상평통보를 만들고 있었다. 그들은 위폐 제작이 탄로 나자 허남에게 뇌물을 주고 설득한 후 돌려보냈다. 이후 허남이 여러 명의 포교들을 이끌고 위조 화폐의 제작 현장을 다시 급습했을 때는 이미 모두 도망가고 없었다.

기업 규모로 위폐를 주조하고 시장을 통하여 위조된 동전을 세탁하는 모습, 남녀노소가 집단으로 은신처를 마련하여 생활하는 모습 등이 생생하게 확인된다. 19세기에 들어와서도 이러한 위조 화폐의 제작과 유통을 통제할 수 없었다. 한장석(韓章錫)은 위폐가 너무 많아 시장이 마비될 정도였다고 했다.

가짜 동전들은 함석을 사용하지 않고 구리와 납만을 섞어 만들었기 때문에 정상적으로 주조된 동전에 비해 가벼웠고 품질 역시 다소 떨어졌다. 하지만 일반 백성들은 이를 식별할 수 없었을 것이다. 물론

동전들(국립춘천박물관 소장)

국가는 이러한 불법적인 화폐의 위조를 막으려고 많은 노력을 기울였다. 단속과 처벌의 강화를 비롯하여 상평통보 뒷면에 발행 관청에 더하여 천자문순으로 일련번호를 새기는 방법이 논의되기도 했다.

일부 지역에서는 민간에서 제작한 동전이 지역 화폐처럼 쓰이기도 했다. 특히 동전의 가치가 제작 비용을 크게 상회하면서 위조 역시 계속 늘었다. 흥선 대원군의 당백전 발행 정책이 실패로 돌아간 데에도 역시 화폐의 위조가 큰 영향을 미쳤다.

지금도 화폐 위조는 큰 범죄다. 최근 10원짜리 동전 7억 원어치를 녹여 팔아서 20억 원을 챙긴 일당이 검거되기도 했다. 동전보다 그 원료가 비싸지니 오히려 화폐를 훼손하게 된 것이다. 언젠가는 동전뿐 아니라 지폐도 사라지게 될 것 같다. (강)

대립군,
군대 대신 가는 아르바이트

영동 재해 지역 중에서도 강릉과 양양이 심합니다. 두 고을 기병이 지금 당번이오나 옷과 물품이 허술해 얼어 죽을까 염려됩니다. 그러니 번 서는 것을 한 달 감해 주고, 쓰고 남은 군포로 고군(雇軍, 품팔이)더러 대립을 시키는 것이 편할 듯합니다.

— 『현종실록』 4년(1663) 11월 27일

조선 시대 16~60세 양인 남성은 수시로 군사 훈련을 받다가 유사 시 동원되었다. 이러한 병역의 의무를 군역(軍役)이라고 하는데, 포목 (布木)을 내면 면제받았다. 군역 대신 낸다는 의미로 '군보포(軍保布)', 줄여서 군포라고 불렀다.

군포는 1년에 두 필이었으나, 1751년(영조 27년) 균역법이 시행되면서 한 필로 줄었다. 『속대전』에 따르면 베 한 필의 가격은 두 냥이다. 유만주는 일기 『흠영』에서 여덟 식구 한 해 식비로 쉰여섯 냥을 썼다고 기록했다. 한 사람 식비가 일곱 냥인 셈이니, 균역법 시행 전까지 양인은 반년치 식비를 세금으로 내야 생업에 온전히 종사할 수 있었다. 만약 아버지와 아들이 모두 군역을 받을 수 없다면 한 사람 몫의 한 해 식비를 냈을 터다.

1년에 한 필로 줄었지만 여전히 버거워하는 사람이 많았다. 생업을 잠시도 손에서 놓을 수 없고 군포를 낼 여력도 없는 이들은 날품팔이를 고용했다. 이렇게 품삯을 받고 군역을 대신 하는 사람을 대립(代立) 혹은 대립군이라 불렀다. 대립군은 품삯을 받고 군대에 대신 가는 아르바이트였다.

대립군은 나라에서 직접 고용하기도 했다. 앞에 인용한 『현종실록』에서 1663년 병조 판서 김좌명은 강릉과 양양에 재해가 심해 해당 지역의 정규군을 운용하기 힘드니 재정이 허락하는 범위 내에서 대립군을 쓰자고 제안했다. 급한 대로 품삯을 주고 일꾼을 고용해 군졸로 쓰자는 의견이었다.

대립군은 임시방편으로서 순기능이 없지 않았으나 역기능이 컸다. 일반인과 군졸이 대립군을 악용하는 일이 많았다. 1700년(숙종 26년) 이세정(李世禎)은 과거 시험에서 부정행위를 했다가 의주로 쫓겨나 군역을 이행하는 벌을 받았다.[27] 그는 과거 시험장을 지키는 군졸을 매수해 자기 종 최말선을 대립군으로 쓰게 했다. 최말선이 시험장을 지키게 되자 이세정은 마음 놓고 부정행위를 저질렀다. 답안을 고쳐 주는 이들과 함께 시험을 치렀고 급제까지 했다.

군졸이 멋대로 대립군을 사서 임무를 맡기기도 했다. 『승정원일기』에 따르면 1638년(인조 16년) 비변사는 파발이 지체되는 문제의 원인으로 담당 군졸이 대립군을 사서 쓰는 일을 지목했다.[28] 또 1776년(영조 52년) 구선복(具善復)은 속오군(束伍軍)에 소속된 이들이 "습조(習操, 훈련)할 때만 사람을 사서 대립을 함으로써 눈앞의 죄를 면한다."라고 지적했다.[29] 돈 있는 군졸은 힘든 훈련이 닥치면 대립군을 대신 보냈던 것이다.

품삯을 받는 몸이니 대립군은 '을'일 법하지만 그렇지도 않았다. 서울에서는 대립군이 군졸을 갈취하는 일도 있었다. 1648년(인조 26년) 사헌부는 서울 주민이 성곽을 방비하려고 상경한 군졸을 상대로 대립군을 쓰도록 강요한다고 보고했다. 억지로 대립군을 쓰게 하면서 가격을 멋대로 책정해 군졸들의 원성이 자자했다.[30] 그들은 서울에 왔으면 꼭 대립군을 써야 한다며 군졸을 으르고 협박했을 것이다. 상경한 군졸로서는 눈 뜨고 코 베인 격이다.

말도 많고 탈도 많은 대립군이지만 누군가에게는 꿈을 실현할 통로였다. 장지연(張志淵)은 여러 인물의 전기를 모아 『일사유사(逸士遺事)』를 간행했다.[31] 이 책에 나오는 효녀 부랑(夫娘)은 장수가 되고픈 여자였다. 노쇠한 아버지가 징집되자 부랑은 남장을 하고 아버지를 대신해 군졸이 되었다. 부랑은 대립군이 되어 꿈을 향해 첫발을 내디뎠다.

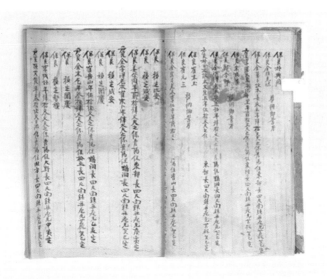

19세기 후반 경상도의 군적대장에 성명, 나이, 거주지, 신장, 흉터, 주특기 정도가 간략하게 기재되어 있다.(조세박물관 소장)

대립군은 대개 몸이 밑천인 날품팔이였던지라 군포를 낼 여력이 없었다. 당연히 자기 군역은 그것대로 또 이행하고, 여기에 더해 다른 사람의 군역까지 맡았으니 대립군은 군에서 먹고 자는 군졸 아닌 군졸이었다. (흥)

6부

조선의 전문직

전문적인 지식이나 기술이 필요한 직업이 전문직이다. 오랜 숙련 기간을 거쳐야 하므로 진입장벽이 높지만, 소득이 높고 안정적이다. 사회적 인식도 좋다. 하지만 조선 시대에는 관원을 제외하면 전문성이 요구되는 직업이라도 천대를 면치 못했다. 조선 사람들이 과거 공부에 목을 맨 이유가 이것이다.

조선 선비를 지식인에 비유하곤 하지만, 이들의 지식은 실용성이 부족했다. 반대로 실용적인 지식을 가진 이들은 신분의 한계에 얽매여 재주를 다 발휘하지 못했다. 이는 전근대 신분제 사회의 공통적인 현상이기도 하다. 입주 가정 교사인 숙사, 수학자이자 회계사인 산원, 외국어 전문가 역관 등은 중인이라는 신분에 묶여 있었다. 죽은 사람의 사인을 규명하는 오작인, 백성의 변호사 외지부에서 한 집안의 집사인 겸인, 시각 장애를 가진 역술인 판수, 매 사냥꾼이자 사육사인 응사까지. 남들이 흉내조차 낼 수 없는 전문성을 지니고도 그에 값하는 대우를 받지 못한 이들의 이야기를 소개한다.

숙사,
고달픈 입주 가정 교사

백 년 사이에 풍속이 갈수록 쇠퇴하여 꼭 스승을 집으로 데려와 먹여 주면서 자제를 가르치게 한다. 자제들은 평소 교만한 데다 먹여 주는 권세를 믿고 스승을 대한다. 스승은 권위를 세울 수가 없어 꾸짖지도 못하고 회초리를 들지도 못하며 시키는 대로 할 뿐이다.

— 성해응, 『연경재전집』

입주 가정 교사는 1970년대를 대표하는 대학생 아르바이트였다. 중고등학교 입시가 존재하던 시절에는 나이 어린 중고등학생도 입주 가정 교사 시장에 뛰어들었다. 숙식이 해결되니 시골에서 올라온 가난한 고학생이라면 이만한 아르바이트가 없다.

공부 말고 할 줄 아는 것이 없는 선비가 선택할 수 있는 직업은 많지 않다. 훈장 노릇이라도 하면 좋겠지만 최소한 집은 있어야 할 것 아닌가. 집조차 없는 가난한 선비는 입주 가정 교사로 남의 집에 얹혀살며 아이들을 가르쳤다. 숙사(塾師)라고 한다.

숙사 노릇이 좋아서 하는 사람은 없었다. 찢어지게 가난한 선비가 입에 풀칠이라도 하려고 선택하는 직업이었다. 숙사가 필요한 집에서는 주위에 수소문하여 적당한 사람을 물색한다. 그에게 숙식을 제공하고 나이 어린 자제의 교육을 맡긴다. 숙사와 학생, 학부모의 동거가 시작되는 순간이다.

숙사의 목표는 오직 하나. 학생이 글을 깨우쳐 과거에 합격하는 것이다. 학생이 과거에 합격하면 숙사와의 인연은 끝이다. 숙사는 새로운 일자리를 찾아야 하는 실업자 신세가 된다. 학생도 숙사를 무시한다. 저명한 관료와 학자는 한 번만 만나도 스승으로 떠받들면서 여러 해 자기를 가르쳐 준 숙사는 스승으로 여기지 않았다. 성해응은 "정승 집안의 귀한 자제들은 숙사를 업신여기고 치욕을 주며 못하는 짓이 없다."라고 했다.[1] 이런 탓에 숙사들의 존재는 좀처럼 드러나지 않았다.

그렇지만 역사에 이름을 남긴 숙사도 적지 않다. 사도 세자의 장인 홍봉한 집안의 숙사 노긍(盧兢)은 조선 후기 3대 천재의 한 사람으로 손꼽히며, 조선 최대의 백과사전 『임원경제지』의 저자 서유구의 숙사 유금(柳琴)은 유클리드 기하학에 조예가 깊은 과학자였다. 소론 명문가 조현명의 숙사 강취주(姜就周)는 한쪽 다리를 쓰지 못하는 불구의 몸이었으나 조선 전역을 누빈 여행가이자 인기 절정의 가수였다. 먹고살기 위해 숙사 노릇을 했지만 모두 남다른 재능이 있는 선비였다.

이귀상(李龜祥)은 가난하지만 똑똑하고 단정한 선비였다. 어찌나 단정했는지 장작을 팰 때도 나뭇결을 따라 단정하게 도끼질을 했다. 서울에 올라온 그는 김성응 집안의 숙사가 되어 두 아들을 가르쳤다. 그중 한 사람이 정조의 장인 김시묵이다.

이귀상은 여느 숙사와 달리 엄격했다. 그렇지만 차근차근 자세히 가르쳐 주기로 소문이 자자했다. 이웃에 사는 오원이 자기 집 숙사로 모셔 와 두 아들의 교육을 맡겼다. 오원의 아들 오재순, 오재소 형제는 모두 판서의 자리에 올랐다. 훗날 이귀상이 세상을 떠나자 오재순의 아들 오희상이 묘지명을 지었다.

"공은 스승의 권위를 엄격히 세우고 절도 있게 수업했다. 차근차근 자세히 가르쳐 똑똑한 사람이나 어리석은 사람이나 모두 유익했다. 반드시 먼저 의리와 이익을 분명히 구별하고 방향을 알려 주었으니, 글이나 가르치고 마는 정도가 아니었다. 지금까지도 그 명성이 자자하다."[2]

어린 시절부터 함께 먹고 자며 가르친 숙사의 영향은 절대적이다. 조선의 교육을 담당한 것은 퇴계나 율곡 같은 큰 스승이 아니라 이름 없는 숙사들이다. 그런데 숙사의 존재는 무시당하기 일쑤다.

지금도 그렇다. 번듯한 정규직 교사나 대학교수만 스승이 아니다. 학습지 교사, 학원 강사, 기간제 교사, 대학의 시간 강사가 없으면 우리나라 교육은 무너진다. 그런데 우리는 이들을 어떻게 대우하고 있는가. 얼마나 많은 젊은이들이 재주를 펴 보지도 못하고 스승 아닌 스승 노릇을 하고 있는지 모르겠다. (장)

돗자리 짜는 노인

시골 선비는 젊어서 과거 공부를 하다가 합격하지 못하면 음풍농월을 일삼고, 조금 나이가 들면 돗자리를 짜다가 마침내 늙어 죽는다.

— 김낙행, 「돗자리 짜는 이야기」

우리나라 직장인의 종착지가 결국은 모두 치킨집으로 귀결되는 것처럼, 조선 시대 선비의 종착지는 짚신 삼기 아니면 돗자리 짜기였다. 밑천도 기술도 필요 없다. 조금만 익히면 누구나 할 수 있다. 그래서 농사짓는 백성은 물론 사찰의 승려도 감옥의 죄수도 모두 돗자리를 짜서 생계에 보탰다. 양양 낙산사(洛山寺)의 승려들은 모두 돗자리를 짜서 살림이 제법 넉넉했다고 한다.[3] 정승 이원익(李元翼)이 일흔 가까

김홍도, 「자리 짜기」(국립중앙박물관 소장)

운 나이로 유배되었을 때도 직접 돗자리를 짜서 먹고살았다.[4] 소일거리로도 부업으로도 제격이었다.

우리나라 돗자리는 고려 시대부터 유명했다. 골풀로 만든 용수석(龍鬚席), 등나무 줄기로 만든 등석(藤席)이 고려의 특산물로 중국에 알려졌다.[5] 중국에서 고려 돗자리는 값이 비싸 구하기 어려웠다고 한다.[6] 뻣뻣한 중국 돗자리에 비해 부드러워서 접어도 상하지 않는 것이 장점이었다. 매년 중국 황제에게 진상한 용무늬 돗자리 용문석(龍紋席)은 하나당 예닐곱 가마 가격이었다.[7] 청나라 조정의 의전 매뉴얼에 따르면 황제의 좌석에는 조선에서 진상한 돗자리를 깔고 그 위에 흰 융단을 덮었다.[8]

지금은 대나무 돗자리를 많이 쓰지만 조선 시대에 대나무는 화살대를 만드는 전략 물자였다. 이 때문에 대나무 돗자리 사용을 금지한 적도 있다.[9] 서민들은 왕골이나 부들, 볏짚으로 짠 돗자리를 사용했다. 강화 교동의 화문석이 명품 특산물로 자리 잡은 것도 이곳이 전국에서 손꼽히는 왕골 산지였기 때문이다. 가장 구하기 쉬운 재료는 볏짚이었다. 볏짚 돗자리 초석(草席)의 가격은 쌀 두 말 정도였다.[10] 돗자리 두 장을 닭 다섯 마리와 교환한 기록도 있다.[11] 이만하면 먹고살기 충분하다. 영남 예천의 선비 박경손(朴慶孫)은 산속에 은거하며 돗자리 짜고 짚신 삼아 먹고살고도 제법 돈이 남아, 가난한 형을 돕고 제사까지 도맡았다.[12]

돗자리는 바닥에 까는 데만 쓰는 것이 아니었다. 탈곡하는 데도 요긴했다. 연암 박지원에 따르면 조선은 중국과 달리 탈곡기가 없어

(金俗 69) straw mat weaving 織席 (俗風鮮朝)

「돗자리 짜기」(수원광교박물관 소장)

돗자리에 곡식을 올려놓고 탁탁 쳐서 껍질을 벗겼다. 하루만 지나면 돗자리는 못쓰게 된다. 그러면 새것을 만들어야 하는데 돗자리를 짤 줄 아는 사람이 한 마을에 두세 명밖에 되지 않았다고 한다.[13]

전문적으로 돗자리를 짜는 장인을 인장(茵匠), 석장(席匠)이라고 한다. 조선 시대 경상도에는 약 1000명의 석장이 있었다. 안동, 순흥, 예천, 영천, 영주, 풍기, 의성, 용궁 여덟 고을에서 매년 두 차례 1300장을 진상했다.[14] 덕택에 왕실의 돗자리를 관리하는 장흥고(長興庫)의 재고가 많을 때는 1만 장이 넘었다. 하지만 중간에서 관리들이 뇌물을 요구하며 트집을 잡아 퇴짜를 놓곤 했다. 그들의 비위를 맞추다 보면 빚더미에 올라앉는 건 순식간이었다. 이웃과 친척까지 빚쟁이에게 시달리는 바람에 석장은 혼처를 찾기가 어려울 정도였다. 석장들은 차라리 수군(水軍)으로 충원해 달라고 청원했다. 수군은 고되기로 둘째가라면 서러운 부역이다. 석장의 고역이 어느 정도였는지 짐작이 간다.[15]

안동 선비 김낙행(金樂行)은 과거를 볼 수 없었다. 아버지가 죄인의 누명을 벗지 못하고 죽었기 때문이었다. 과거를 못 보는 선비는 할 수 있는 일이 별로 없다. 보다 못한 아내가 이웃집 노인에게 돗자리 짜는 법을 배워 오라고 했다. 첫날은 하루 종일 겨우 한 치(3센티미터)를 짰다. 하지만 점차 속도가 붙어 하루에 그 열 배인 한 자를 짰다. 나중에는 옆 사람과 농담을 주고받으며 짤 정도로 능숙해졌다.

김낙행은 돗자리를 짜면 좋은 점이 다섯 가지라고 했다. 첫째, 밥만 축내는 신세를 면한다. 둘째, 불필요한 외출이 줄어든다. 셋째, 더위와 추위를 잊는다. 넷째, 근심 걱정을 잊는다. 다섯째, 나눔의 기쁨이 있다. 그가 선비의 체통을 잊고 돗자리를 짠 덕분에 가족들은 물론 노비들도 맨바닥에서 자는 신세를 면했다. 남는 돗자리는 가난한 사람들에게 나누어 주었다. 김낙행은 돗자리 짜는 노인으로 여생을 마쳤지만 더 나은 세상을 만들겠다는 선비의 뜻만은 잃지 않았다.[16] (장)

산원,
수학자이자 회계사

둥근 땅의 둘레가 365와 4분의 1척이다. 크고 작은 개미 두 마리가 나란히 출발해서 이 땅의 둘레를 돈다. 작은 개미는 하루에 1자, 큰 개미는 하루에 13과 19분의 7자를 이동하면 두 마리 개미는 며칠 만에 만나겠는가?

— 홍정하, 『구일집』

조선은 건국 초 조세 제도를 정비하는 한편 토지를 새롭게 측량했다. 여기에 각종 면적 계산법과 단위 환산에 뛰어난 산학(算學), 즉 수학 전문가가 동원되었다. 산학을 토대로 조세를 포함해 국가 회계와 측량 업무를 담당했던 전문가를 산원(算員)이라 불렀다.

조선 시대 국가 재정과 회계는 호조에서 담당했다. 산원은 호조에 배속되어 복잡한 계산을 도맡았다. 둘레가 곡선인 논밭 면적을 계산하고 거기서 나오는 잡곡을 쌀로 환산한 뒤 다시 면포로 계산하는 일, 군량을 고려해 징병할 군인 수를 산정하는 일, 궁궐 행사에 소요되는 비용을 따지는 일이 모두 산원의 몫이었다.

산원은 복잡한 계산이 필요한 곳이면 어디든 동원되었다. 해와 달의 운행과 절기 변화를 계산해 달력을 정비하는 사업, 악기의 크기를 조정해 음률을 고르는 사업, 성벽을 보수하고 증축하는 사업에도 산원은 전문성을 발휘했다.

산원은 산학 취재를 통해 선발했다. 산원을 선발하는 시험 문제는 『오조산경(五曹算經)』, 『상명산법(詳明算法)』, 『양휘산법(揚輝算法)』, 『산학

산가지(국립민속박물관 소장)

계몽(算學啓蒙)』 등 중국에서 출간한 산서(算書)에서 출제했다. 이들 수학 서적은 실무에 필요한 측량법, 도량 환산법을 비롯해 기하학과 제곱근, 10차 방정식 등 고급 수학을 망라했다. 실무 차원에서 회계를 담당한 산원은 수학을 연구하는 전문 수학자기도 했다.

조선 산원은 산학 실력을 놓고 중국 관리와 자존심 대결을 벌이기도 했다. 영조 때 산원 홍정하가 쓴 산학 연구서『구일집』에 수학 문제와 함께 다음과 같은 일화가 실려 있다.

홍정하는 산원 유수석(劉壽錫)과 함께 청나라 사력(司曆, 천문 관측 관리) 하국주(何國住)를 만나 산학 문제를 주고받았다.[17] 이때 하국주는 홍정하를 얕보고 "360명이 1인당 은 한 냥 8전을 냈다면 합계 얼마인가?"라는 문제를 냈다. 360에 1.8을 곱하면 되는 유치한 문제였다. 홍정하는 즉시 대답했다. 하국주가 더 어려운 문제를 냈지만 홍정하는 정답을 말했다.

동석한 중국 관리 아제도(阿齊圖)는 조선 산원을 얕잡고 하국주를 치켜세웠다. 아제도는 하국주가 천하 4위의 수학자라며 어려운 문제를 내보라고 홍정하에게 채근했다. 홍정하가 다음 문제를 냈다. "둥근 옥이 있다. 내접하는 정육면체 옥을 빼놓은 껍질의 무게가 265근 50냥 5전이다. 껍질의 두께가 4촌 5푼이라고 하면 구형의 옥의 지름과 정육면체 옥의 한 변 길이는 각각 얼마인가?" 하국주는 당장은 어렵고 내일 찾아오라 했으나 결국 풀지 못했다.

산원은 산가지와 주산(籌算)을 이용하여 복잡한 계산을 했다. 산가지는 가늘고 길게 다듬은 나뭇가지를 가로 세로 배열해 숫자를 표기하는 방식이었다. 주산은 곱셈표를 막대에 써서 배열하는 방식이었다.

산가지는 주판(籌板)이 보급되며 본토인 중국에서 사라졌지만 조선은 일제 강점기까지 애용했다. 빠른 셈이 가능했으나 산원은 주판에 그다지 관심을 기울이지 않았다. 조선 말기 『주학신편(籌學新扁)』에서 주판의 구조를 설명한 이후로 계산법이나 활용 방안에 주목한 산원은 없었다.

산원이 산가지를 애용한 까닭은 그들의 정체성과 관련이 깊었다. 산가지는 수학 문제를 풀이해 문서로 정리할 때 그리기가 더 쉬웠다. 수학 공식을 일목요연하게 표기하는 데 산가지가 더 적합했던 것이다. 그래서 산원은 주판 사용법을 알아도 산가지를 손에서 놓을 수 없었다. 산원은 단순 계산을 하는 존재가 아니라 공식을 다루는 수학자였다.

네덜란드 선원 하멜은 조선 관원이 긴 막대기를 이용해 계산을 한다고 『하멜표류기』에 썼다.[18] 일제 강점기 조선을 방문한 스기하라 기타오는 조선인이 주판 대신 점술가가 쓰는 서죽(筮竹) 같은 가지로 계산을 한다고 회고했다.[19] 대장편 소설 『보은기우록』에서 주인공 위연청은 수전노 아버지의 뜻에 따라 장사를 거들었다. 위연청은 회계 장부를 일사천리로 정리해 주변의 감탄을 샀다. 그만큼 산학은 특별한 능력이었다.

특별한 능력을 지닌 산원은 어떤 대우를 받았을까? 산원은 벼슬아치가 쓰는 사모(紗帽)를 썼지만 성종 대를 지나며 문무반 대열에 함께 서지 못했다. 산원은 나라를 운용하는 데 꼭 필요한 관료였지만 기능 직에 불과하다고 폄하되었다. 무시를 받으면서도 산원은 전통 산학을 연구 발전시켰으며, 조세 업무를 담당해 나라 살림을 보필했다. 산원 은 수학자이자 공인 회계사였다. (홍)

역관,
인삼 팔러 청나라로 가 볼까

저 역관들은 한갓 자기네 목전의 이익만 탐하고 국가의 장구한 계
책은 알지 못하여 수십 년 이래 밤낮 오직 당전(唐錢, 중국 돈)의 통용
을 소원하고 있다. 이는 그야말로 '화살 가는 데 따라 과녁 세우기'나
'언 발에 오줌 누기'와 다를 바 없다.

— 박지원, 『연암집』

조선은 정기적으로 청나라에 사신을 보내는 사행을 통해 외교를
맺었다. 한 번에 보통 300명 정도의 인원이 동원되어 의주에서 압록
강을 넘어 요동을 거쳐 북경에 이르는 먼 길을 다녀왔다.

그중에서 역관(譯官)은 사신을 보좌하며 통역을 비롯해 현지 관리

와 접촉하는 다양한 실무를 맡았다. 문제는 그들에게 정기적인 급료나 먼 길을 오가는 데 필요한 경비가 전혀 지급되지 않았다는 것이다. 이 때문에 나라에서는 한 사람이 짊어지고 다닐 만한 분량인 인삼 여덟 자루(약 80근)를 거래할 권리를 부여했는데 이것이 팔포제(八包制)의 시작이었다.

1682년(숙종 8년) 당시 인삼 한 근이 은 스물닷 냥 정도였으니, 인삼 80근은 은 2000냥에 달하는 거금이었다. 인삼은 중국과 일본에서 효능이 입증돼 만병통치약으로 불릴 만큼 인기가 높았다. 중국이나 일본으로 가는 행차에 한 번이라도 끼는 것이 역관들의 소원이었지만 기회를 잡기는 쉽지 않았다. 사역원(同譯院)에 소속된 역관이 600명을 넘었고, 실제 업무를 수행하는 인원은 70여 명에 불과했기 때문이다.

역관들은 인삼을 중국이나 일본으로 가져가 비싼 값에 팔고 양반들이 필요로 하는 서적이나 비단, 모자 등의 사치품을 국내에 들여와 되파는 중개 무역으로 큰 부를 얻었다. 글자의 오류가 적은 좋은 판본의 책이나 구하기 힘든 중국 서적은 역관에게 부탁할 수밖에 없었다. 특히 중국 비단은 딸의 혼수로 없어서는 안 될 물건으로 여겨져 시골이나 산골짜기에 사는 부녀자도 비단옷 한 벌씩은 가지고 있을 정도였다.

동어(桐漁) 이 공은 평소 패설(稗說)을 항상 손에서 놓지 않고 보았다. 종류를 따지지 않고 새로운 작품을 즐겼다. 당시 사역원의 도제조를 겸하고 있었는데 연경(燕京)에 가는 역관들이 앞다투어 서로 사다가

바쳐 수천 권이나 쌓였다.

— 이유원(李裕元), 『임하필기(林下筆記)』[20]

이상황(李相璜)이 사역원 제조로 있을 때 연경에 다녀온 역관들이 중국의 패설을 많이 구해 주었다는 이야기다. 이들이 들여온 소설류 서적은 조선의 문학 경향을 변화시켰다.[21] 이옥의 「동상기(東床記)」에서 혼수품으로 소개한 일본산 경대(鏡臺)와 러시아산 금갑경(金匣鏡)은 모두 역관이 들여온 물건이다. 그뿐 아니라 중국에서 수출을 금지한 화약(염초, 유황)이나 중국의 지도, 무기를 만들기 위한 물소 뿔, 심지어

연행도 제7폭, 연행사 일행이 북경성 동문인 조양문으로 들어가는 모습이다.

는 화포까지 몰래 들여왔다. 발각되면 사형에 처해질 수도 있는 위험한 임무였다.

사행단은 북경에 2개월 정도 머물렀는데 중국 상인들은 조선 사람들이 돌아갈 기일이 정해져 있다는 것을 잘 알았다. 그들은 담합을 통해 거래 시기를 지체하는 방식으로 인삼값을 폭락시키기도 했다. 힘들게 실어 온 인삼을 도로 가져갈 수는 없었기 때문이다. 이로 인해 거래에 실패하여 재산을 탕진한 사례도 있었다.

이 같은 줄다리기 끝에 승리한 역관은 큰 부자가 되었고, 대를 이어 역관을 배출했다. 대표적인 가문으로 밀양 변씨, 인동 장씨, 천녕 현씨, 해주 오씨가 있다. 17~18세기 조선 최고의 갑부들은 모두 역관 가문에서 나왔다. 박지원의 「허생전」에서 허생에게 선뜻 1만 냥을 빌려준 변 부자가 바로 한양 최고의 갑부 변승업(卞承業)의 할아버지다. 그가 죽기 전에 사람들에게 빌려준 돈을 따져 보니 은 50만 냥에 이르렀다고 한다.

1680년 청과 일본이 직접 교역을 시작하면서 국내에 들어오는 은이 부족해졌고, 1707년 책문 후시가 열리면서 역관들의 수입은 점점 줄어들었다. 가난한 역관들은 자신들이 지닌 팔포의 권리를 송도(松都, 개성)와 평양의 상단에 팔아넘기거나 역관이라는 직업을 버리고 다른 일을 찾아 나섰다. 하지만 역관들은 다양한 방법으로 해외 무역상의 역할을 수행하며 조선 말까지 존속했다.

역관은 중국 문인들과 직접 교유하면서 자신들의 존재 가치를 증명하고자 했다. 또한 지식과 정보를 전달하는 역할에서 그치지 않고 정보를 생성하고 유통하는 데 기여했다. 중국 서적을 구매하거나 중국인을 만나기 위해서는 그들의 인맥이 꼭 필요했다. 19세기에 오면 조수삼(趙秀三)이나 이상적(李尙迪) 같은 역관은 중인이라는 신분적 한계를 넘어 예술 활동에 전념하고 중국 문인과 직접 교유하여 그들의 인정을 받기도 했다. (김)

서수,
예쁜 글씨가 필요한가요?

표암 강세황이 "내가 남에게 서법을 많이 가르쳤으나 정 군처럼 빠르게 성취한 자는 없었다."라고 했다. 우리 형제의 과거 시험지와 원고는 모두 그가 글씨를 썼다.

— 심노숭, 『자저실기』

1차 기록물의 대부분을 직접 붓으로 작성했던 시대에 글씨는 지식인이 갖춰야 할 중요한 덕목이었다. 그러나 현실적으로 모든 사람이 유려한 서법을 익힐 수는 없다. 서명 등을 제외한 공식적인 글씨를 각종 전자 기기가 담당하는 요즘과 달리 조선 시대에는 글씨를 대신 써 주는 전문가가 있었다. 이들을 서수(書手)라 불렀다.

서수에 관한 언급은 고려 시대부터 등장한다. 안정복의『동사강목』에는 고려 시대 문하부(門下府) 이속(吏屬)에 서수의 직임을 두었다는 기록이 보이고,[22] 정약용의『목민심서』「이전(吏典)」6조에는 고려 시대 관직 중에 서인(庶人)이 주로 담당하는 분야 중 하나로 언급했다.[23] 당초 서수는 관에 속한 낮은 벼슬에서 출발했다.

『영조실록』에 이제동(李濟東)이라는 인물이 신씨 집안에서 10년 넘게 서수 노릇을 했다는 내용이 보이고,[24] 심노숭의『자저실기』에도 정현좌(鄭顯佐)가 심노숭 형제의 모든 과거 시험 답안지와 원고를 필사했다는 기록이 있다.[25] 이처럼 18세기 후반을 전후해서 서수들은 유려한 글씨를 무기로 민간 분야에서 전문가 집단을 형성해 갔다.

그렇다면 이들이 주로 필사한 자료는 무이었을까? 허균의『성소부부고』에 실린「병오기행(丙午紀行)」에는 서수가 없어서 조선의 시를 빨리 필사할 수 없다는 내용이 등장한다.[26] 서수가 필사하는 자료에 문학 작품이 포함되었음을 알 수 있다. 18세기 한양의 세책가(貰冊家)에서 취급한 한글 소설 역시 전문 필사자들에 의해 필사되었다고 전해진다.

서수가 가장 활발하게 활동한 곳은 과거 시험 현장이었다. 조선 후기 과거 시험에 응시하는 사람은 좋은 자리를 잡아 주는 선접군, 답지를 대신 작성해 주는 거벽, 작성된 답지를 깔끔하게 필사해 주는 서수와 한 팀을 이뤄 시험을 치렀다. 이익이 과거 시험 답안지를 스스로 작성하는 사람이 10퍼센트도 되지 않았다고 비판한 점으로 볼 때 이러한 분위기는 당시 매우 일반적인 현상으로 보인다.[27] 답안지를 좋은 글씨로 가능한 한 빨리 작성하여 제출하는 것이 합격에 유리했으므로 서수의 역할은 매우 중요했다.

18세기 후반에 편찬된 『동패락송(東稗洛誦)』에 실린 「수원 이동지(水原李同知)」는 과거 시험 대작자 거벽과 대필자 서수를 동행하여 과거에 합격한 이야기다. 이외에도 18세기 야담집 『기문습유(記聞拾遺)』에 한 선비가 등장하는데 이 선비가 과거에 급제하는 과정에서도 거벽과 함께 서수가 중요한 역할을 맡았다. 이러한 실태는 과거 시험 부정으로 이어지고 사회 문제로 부각되었다. 정조는 거벽과 서수의 과거 시험장 출입을 금지했으나 근절하지는 못했다.

그 외에도 관에 제출하는 공문서 작성과 필사 역시 서수가 담당한 것으로 보인다. 작문이 불가능한 사람들의 문서를 대신 써 주기도 했지만 훌륭한 글씨가 필요한 사람을 위해 수수료를 받고 필사해 주는 일도 했다.

『목민심서』 「호전」 6조 「호적」에는 호적 작성을 둘러싼 비용과 이를 이용한 비리가 잘 정리되어 있다. 호적 대장을 등서할 때 쓰이는 비용은 정서조(正書租) 한 말(약 한 냥)로, 여기에는 문서 내용을 필사해 주는 서수의 품삯이 포함되었다. 정약용이 직접 목격한 사례도 기록했는데, 호적 대장 한 장 등서 비용이 서 푼 정도였으며 수정하여 다시 쓸 경우는 별도의 삯을 지불했다.[28]

이처럼 사대부가의 각종 기록물, 문학 작품을 비롯하여 소비 상품으로 등장한 고전 소설, 과거 시험 답안지, 각종 공문서 등의 필사와 작성을 중심으로 시장이 형성되었고, 글씨를 잘 쓰는 능력은 직업으로 연결되었다. 근대에 들어서도 타자기와 컴퓨터가 서수의 역할을 대신하기 전까지 편지 같은 생활 기록부터 관청 공문서의 작성까지 글씨는 여전히 중요했다. 최근 32년간 대법원에서 서사(書士)로 근무하며 연설문, 각종 임명장, 표창장, 기타 현판 등을 붓으로 적어 온 행정관이 주목을 받기도 했다. (강)

오작인,
조선의 과학 수사대

관원이 율관(律官), 의관(醫官)과 함께 한성부 서리, 하례(下隸), 오작인
등을 거느리고 시체를 안치해 둔 곳에 도착하여 먼저 진술을 받는
다. 그다음에 검시(檢屍)를 실시한다. 날이 저물었을 경우 이튿날 아
침까지 기다렸다가 검시한다.

—『심리록』

조선 시대에 살인이 일어나면 고을 사또가 검시관(檢屍官, 시체를 조
사하는 관리)을 맡았다. 사또가 직접 검시를 진행하는 건 아니다. 검시
는 변사체를 만지는 험한 일인 데다 사체의 상흔을 판독하는 법의학
지식이 없었기 때문이다. 변사체를 매만지며 검시를 담당하는 전문가

는 따로 있었다. 오작인(仵作人), 오작사령(仵作使令)이라고 불렀다.

오작인은 법의학서에 근거해 사인(死因)을 찾았다. 대표적인 법의학서는 『무원록(無冤錄)』이었다. 『무원록』은 중국 원나라 때 책이지만 조선의 실정에 맞게 개정 증보를 거듭했다. 세종 때 『신주(新註) 무원록』, 영·정조 때 『증수(增修) 무원록』으로 거듭나며 검시 지침서로 자리매김했다. 또 19세기에 이르면 검시와 문서 작성 방법을 정리한 『검고(檢考)』라는 책을 간행하기도 했다.

검시는 최소 두 번에 걸쳐 진행했다. 검시마다 다른 오작인이 진행해 객관성을 확보했다. 결과가 다르거나 사인이 불분명할 경우 다른 지역 오작인을 선정해 다시 검시를 진행했다. 안장한 다음에도 새로운 증거가 나타나면 시체를 꺼내 검시를 진행했다. 이러한 검시는 매장한 시체를 파내어 조사한다는 뜻으로 굴검(掘檢)이라고 했다.

조선 시대에 시신을 훼손하는 일, 칼을 대는 일은 금기였다. 변사체라도 예외는 없었다. 해부를 할 수 없었던 까닭에 오작인은 변사체의 상태나 상흔을 꼼꼼히 관찰해 검시를 진행했다. 상처 부위의 색을 여섯 가지로 구분해 살폈으며 사인을 정확히 파악하기 위해 다양한 약품과 도구를 이용했다.

『검고』에 따르면 오작인은 식초, 술지게미, 삽주 뿌리, 은비녀, 백지, 단목탕(檀木湯) 등등 십여 가지 법물(法物)을 다뤘다. 식초는 흉기에 뿌려 핏자국을 찾는 데, 술지게미는 상처 부위를 닦아 상흔을 선명하게 드러내는 데 썼다. 은비녀와 백지는 독살 여부를 판별하는 데 썼다. 은비녀는 항문이나 입에 넣어 변색을 살폈고 백지는 눈, 코, 입에 붙여 독기가 묻어 나오는지 보았다. 단목탕은 시신을 닦는 데, 삽주 뿌리는 태워서 악취를 없애는 데 썼다.

오작인의 검시는 사건 해결에 결정적 역할을 했다. 1904년(광무 8년) 6월 3일 경상도 문경군 신북면 화지리에 살던 최상보(崔尙甫)와 정영천(鄭永千)은 천민 정이문(鄭已文)의 집에서 양반 안재찬(安才贊)의 아내 황 씨가 목을 매 자살했다고 관아에 신고했다. 문경 군수 김영년(金永年)은 오작인 김일남(金一男)과 함께 현장에 도착해 검시를 진행했다.

오작인 김일남이 진행한 검시에 따르면 은비녀를 입에 넣었을 때 색이 변하지 않았으며 시체 곳곳에 구타한 상흔이 뚜렷했다. 또 뒷목에 끈으로 조른 일자(一字) 흔적이 있었고 아래턱에 혈흔이 있었다. 검시 결과를 토대로 문경 군수 김영년은 자살이 아닌 구타 후 교살(絞殺)로 보았다. 김영년은 황 씨의 남편 안재찬을 추궁했다. 김영년이 검시 결과를 토대로 집요하게 추궁하자 그는 결국 범죄를 실토했다.[29]

사건 내막은 이러했다. 5월 14일 천민 정이문이 안재찬의 아내 황씨를 겁탈하려다가 도주했다. 곧바로 뒤를 쫓았으나 정이문은 집을 비우고 도주한 뒤였다. 화가 난 안재찬은 대신 그의 할아버지 정태극(鄭太克)을 잡아 구타했다. 정태극은 안재찬의 아내 황 씨와 손자 정이문이 오랫동안 내연 관계였다고 말했다. 이 말을 들은 안재찬은 아내 황 씨를 의심하기 시작했다.

보름 남짓 지난 6월 2일 밤 안재찬은 아들 울음소리를 듣고도 미동조차 하지 않는 아내 황 씨를 보고 격분해 마구 때렸다. 화가 날 대로 난 데다 의심이 더해지자 안재찬은 올가미로 황 씨를 목 졸라 살해했다. 안재찬은 불륜이 발각된 데 수치심을 느낀 아내가 집을 나가 내연남의 집에서 자살한 것처럼 꾸미려고 황 씨의 시체를 옮겨 정이문의 집에 매달았다. 오작인 김일남의 꼼꼼한 검시, 문경 군수 김영년의 판단 덕분에 황 씨와 그의 친정은 조금이나마 억울함을 풀 수 있었다.

공익을 위해 일했으나 변사체를 만졌던 까닭에 오작인은 천시받았다. 또 근거 없는 소문의 주인공이 되기도 했다. 조선 후기에 사람을 죽인 뒤 간담을 빼내어 치료약으로 파는 사건이 종종 일어나 조정에서 현상금을 걸기까지 했다.[30] 오작인의 직무는 검시였지만 연고가없는 시신을 처리하는 일도 담당했다. 동사(凍死)나 병사(病死)로 생긴무연고 시신은 오작인이 맡아 처리했다. 훼손된 시체가 발견되면 오작인이 잘라 팔았다는 소문이 돌았다. 시체의 혈흔을 만지고 잘린 팔다리를 수습하는 직업 특성 때문이었다.

천대 속에서도 오작인은 맡은 책임을 다했고, 덕분에 말할 수 없는 시체는 억울함을 드러냈다. 오작인은 조선의 과학 수사관(CSI)이었다. (홍)

외지부,
백성의 변호사

외지부라 불리는 자들은 항상 관아 근처에 있다가 원고나 피고를 몰
래 사주합니다. 또 이들은 송사를 백성 대신 진행하며 시시비비를
어지럽게 만들어 관리를 현혹하고 판결을 어렵게 합니다. 해당 관부
에 명하시어 조사해 처벌하소서!

—『성종실록』 3년(1472) 12월 1일

조선은 소송 없는 나라를 꿈꿨다. 소송 없는 나라는 억울함 없는
나라다. 왕이 덕으로 나라를 다스려 억울한 백성이 한 명도 없는 세
상을 꿈꿨던 셈이다. 그러나 현실은 달랐다. 억울함을 풀려는 소송
이 넘쳤다. 조선 시대 소장과 판결을 정리한 『민장치부책(民狀置簿冊)』

에 따르면 양반은 물론이고 노비나 여성도 거리낌 없이 소송을 제기했다. 옥에 갇힌 죄수도 억울함을 호소하는 탄원서를 제출했다. 법을 몰라도, 글을 몰라도 소송은 가능했다. 민간에서 활약한 법률 전문가 외지부(外知部) 덕분이었다.

외지부라는 명칭은 고려 도관지부(都官知部)에서 유래했다. 도관은 법률을 관장하는 형부(刑部) 소속 관청, 지부는 판결을 맡은 종3품 관리를 말한다. 외지부는 도관 밖 민간에서 지부 노릇 하는 자를 뜻했다. 소장을 대신 써 주고 소송을 자문한 외지부는 요즘 말로 하면 야매 변호사였다.

조선은 귀천을 떠나 백성이 자유롭게 소장을 제출하도록 배려했다. 또 백성이 소장을 제출하는 데 어려움이 없도록 돕는 일을 목민관의 의무로 보았다. 18세기 편찬된 목민서 『치군요결(治君要訣)』은 소장 제출을 어렵게 하는 아전을 처벌하도록 적고 있다. 그러나 백성에게 관아 문턱은 여전히 높았다. 소송을 제기하려면 법전에 근거해 소장을 한문으로 써야 했기 때문이다. 한문에 능숙하다고 소장을 제대로 쓰는 것도 아니었다. 소장은 공문서인 만큼 서식과 내용을 구비해야 효력이 있다. 정약용은 『목민심서』에서 법조문을 모르는 마을 훈장이 증거는 빼놓고 감정에 호소하는 문장만 소장에 늘어놓는다고 비판했다.[31]

이러한 까닭에 법에 무지한 백성이 스스로 소장을 작성하기란 하늘의 별 따기만큼 어려웠다. 외지부는 법률 지식과 문서 작성 능력을 토대로 법을 모르는 이들을 도왔다. 형식을 갖춰 소장을 대신 쓰고 소송이 진행되면 자문도 맡았다. 조선 시대 소송은 세 차례 진행되었고, 두 차례 승소해야 사건을 매듭지었다. 판결에 불복하면 상급기관에 재심을 요청할 수도 있었다. 외지부는 긴 소송 과정에서 의뢰인을 보호했으며 법률 대리인 역할도 함께 했다.

외지부는 글과 법을 모르는 백성에게 큰 힘이 되었다. 명종 때 역참 소속 노비 엇동은 양반의 부당한 추노에 맞서 소송을 제기했다. 선조 때 다물사리는 자신과 자식까지 사유 재산으로 만들려던 양반 이지도에 맞섰다. 다물사리는 자기가 나라에 속한 성균관 공노비이므로 개인 소유가 될 수 없다며 소송을 제기했다. 다물사리는 이지도 측에서 제시한 문서를 인정하는 서명을 거부했다. 이로써 해당 문건이 지닌 증거 효력을 부인한 것이다. 다물사리가 법리를 알아서 그랬던 게 아니라 외지부의 조언에 따른 대응이었다. 엇동과 다물사리는 글을 모를뿐더러 법률 지식도 없었다. 외지부가 있었기에 힘없는 두 사람은 양반을 상대로 소송을 벌일 수 있었다.

외지부는 법을 몰라 보호받지 못하는 이들을 보호했다. 그러나 외지부를 보는 시선은 곱지 않았다. 법률 지식을 이용해 악행을 저지르는 일도 다반사였다. 중종 때 외지부 유벽(柳璧)은 형조 관리에게 뇌물을 써 심문 내용을 빼낸 다음, 의금부에 수감된 의뢰인에게 답변을 미리 일러 주었다.[32] 또 외지부는 문서를 위조해 다른 사람을 노비로 만드는 일도 벌였다. 『훈국등록(訓局謄錄)』에 따르면 효종 때 외지부 최선석(崔善奭), 최선협(崔善莢)은 훈련도감 포수 안사민(安士敏)을 노비로 만들려고 시도했다.[33] 안사민은 병자호란 때 남한산성 전투에 참여했던 양민 포수였다.

실상이 이렇다 보니 조정은 외지부를 골칫거리로 여겼다. 조정 입장에서 외지부는 백성을 꼬드겨 소송을 벌이며 법을 이용해 사회를 어지럽히는 이들이었다. 실제 그런 일이 없지 않았다. 조정은 외지부를 비리호송자(非理好訟者), 곧 '이치에 닿지 않는 송사를 잘 일으키는 놈'이라고 일컬었다. 연산군은 외지부 열여섯 명을 함경도로 유배 보냈다. 또 중종 때 편찬한 법전 『대전후속록(大典後續錄)』은 외지부 처벌을 명시하고 있다.

그러나 외지부는 사라지지 않았다. 외지부는 비리호송자라는 꼬리표를 달고도 계속 살아남았다. 법을 모르나 법의 보살핌을 필요로 하는 백성이 많았기 때문이다. 외지부는 법과 글을 모르는 조선 백성의 변호사였다. (홍)

겸인,
조선의 집사

노비도 아니고 자식도 아니면서 집안일을 맡아보는 자를 겸인(傔人)
이라 한다.

— 최신, 『화양문견록』

'집사'라고 하면 배트맨의 집사 알프레드처럼 항상 검은 턱시도 차
림을 하고 있는 노신사가 떠오른다. 영국 귀족 가문에나 있을 법한 존
재지만, 주인을 대신해 집안일을 관리하는 직업은 언제 어디에나 있
었다. 조선 시대의 겸인도 그중 하나다.

겸인은 청지기(廳直) 또는 소사(小史), 통인(通印)이라고도 한다. 노비
도 아니고 자식도 아니지만 주인을 그림자처럼 따라다니며 시중을

들었다. 중인 신분이므로 노비가 하는 허드렛일은 하지 않았겠지만 온갖 잔심부름을 도맡았다. 주인이 먹고 입을 것을 챙기는 것은 기본이고, 관혼상제를 비롯한 집안 행사를 거들었다. 사무 보조와 문서 작성에도 능숙했다. 집안 사정을 꿰고 있으며 바깥의 정보를 입수하는 데도 빨랐다. 역모가 발각되면 관련자들의 겸인부터 잡아들였다. 그들이 모든 정보를 알고 있기 때문이다.

주인이 몸져누우면 병간호하는 것도 겸인의 일이다. 채제공 집안의 겸인 장덕량(張德良)은 채제공의 부친이 병으로 앓아눕자 낮에는 음식을 떠먹이고 밤이면 발을 천 번씩 주물렀다. 긴 병에 효자 없다지만 장덕량은 여러 해 주인의 병수발을 들면서도 싫은 기색조차 없었다. 채제공은 아들인 자기보다 낫다고 했다.[34]

월급은 얼마나 받았을까? 겸인에게 월급을 주었다는 기록은 보이지 않는다. 월급도 못 받는데 무엇 하러 충성을 다했을까. 취직을 시켜 주었기 때문이다. 조선 후기 중앙 관청의 서리는 대부분 권세가에서 낙하산으로 내려보낸 겸인이었다. 중앙 관청 서리의 권력은 웬만한 시골 양반보다 낫다. 사대부 관원도 이들의 눈치를 보아야 하는 지경이었다. 사대부 관원은 허수아비에 불과하고 실제 업무는 전부 서리가 맡았던 것이다.

『이재난고』의 저자 황윤석이 사복시 관원으로 임명되었다. 하숙집 주인이 그에게 귀띔해 주었다. "사복시의 서리와 하인은 모두 대갓집 청지기입니다. 관원의 일거수일투족을 낱낱이 점검하는데 나리의 경우는 더욱 자세히 살필 것입니다. 그들에게 원망을 사지 않는 것이

좋습니다." 설마 했던 황윤석은 여러 차례 서리들의 농간을 겪고 치를 떨었다.

주인과 겸인의 관계는 취직한 뒤로도 이어졌다. 겸인은 관청에서 얻은 중요한 정보를 주인에게 귀띔하거나 부정한 방법으로 얻은 이득을 상납했다. 주인이 권력을 잃으면 어렵사리 얻은 일자리도 날아가기 때문이다. 수입도 쏠쏠했다. 홍봉한의 겸인 노동지는 서리 노릇 3년 만에 평생 놀고먹을 재산을 마련했다.[35] 정약용이 『목민심서』에서 "겸인은 관청의 거대한 좀벌레(傭人者官府之大蠹)"라고 이른 데는 이유가 있다.[36] 요즘도 집사 학교가 있어 청소, 빨래, 요리, 운전부터 인력 관리, 재무 관리에 이르기까지 다양한 과목이 개설되어 있다고 한다. 조선에 집사 학교가 있었다면 여기에 더해 탈세와 횡령, 배임을 필수 과목으로 가르쳐야 했을 것이다.

겸인 한 사람이 주인의 아들, 손자까지 섬기기도 했고, 겸인 3형제가 한 주인을 섬기기도 했다.[37] 겸인에게 요구되는 것은 무엇보다 '의리'였다. 주인이 몰락한 뒤에도 의리를 지킨 겸인들의 이야기는 미담으로 회자되었다.

홍동석은 노론 사대신의 한 사람인 조태채의 겸인으로 서리직을 얻었다. 소론 측 관원들이 조태채를 탄핵하는 상소를 올리려고 그를 불러 글씨를 쓰게 했다. 홍동석은 거부했다. "겸인과 주인은 아비와 아들이나 다름없습니다." 아무리 매질을 해도 굴하지 않자 다른 사람을 시켜 쓰게 했다. 결국 조태채는 제주로 유배 가서 사약을 받게 되었다.

홍동석은 조태채의 아들이 도착할 때까지 형 집행을 조금만 늦춰 달라며 금부도사에게 사정했다. 금부도사가 거절하자 홍동석은 사약 그릇을 엎어 버렸다. 목숨을 걸고 한 일이었다. 지켜보던 이들은 경악을 금치 못했다. 금부도사는 한양에서 다시 사약이 내려올 때까지 기다려야 했고, 덕택에 조태채는 아들과 마지막 인사를 나누었다.[38]

임진왜란 때 동래 부사였던 송상현(宋象賢)의 겸인 신여로(申汝櫓)는 주인 곁에서 성을 지키다 함께 죽었고,[39] 홍봉한의 집사 노동지는 몰락한 주인을 끝까지 보좌하고 주인이 죽자 장례까지 치러 주었다.[40]

의리를 지킨 겸인의 이야기는 미담 같기도 하지만 사적인 의리를 지키기 위해 국가 행정을 농락한 행위는 분명 잘못이다. 조폭의 의리와 다를 것이 없다. 지금도 그런 의리를 지키는 사람들이 있다. 고위 공직자들이 친인척과 비서 등을 공기업에 부정 채용했다는 소식이 심심찮게 전해져 취준생들의 분노를 사곤 한다. 남의 백으로 공직에 나아간 그들에게 과연 공복(公僕)의 역할을 기대할 수 있을까. (장)

판수,
미래를 보는 눈

맹인은 사농공상에 끼지 못해 생계를 꾸릴 방법이 없으나 『주역(周易)』을 배워 점을 치고 겸해서 경문(經文)을 외워 살아간다. …… 저잣거리를 다니며 노래하듯 "문수(問數)"라고 외친다. 운수를 물어보라는 그 소리가 마치 노랫소리 같아 사람들은 가만히 앉아서도 맹인이 지나가는 것을 알 수 있다.

— 이규경, 『오주연문장전산고』

『심청전』의 심학규는 앞 못 보는 맹인이다. 심학규는 변변한 직업도 없이 근근이 주위 도움을 받아 살아간다. 동냥하러 간 딸 심청을 기다리는 게 심학규가 하는 일의 전부다. 『한후룡전』의 맹인 한후룡도 마찬가지였다. 한후룡의 아버지는 아들이 가만히 앉아 물건을 지키는 일조차 못한다며 가슴 아파했다.

　조선 시대 맹인은 모두 심학규나 한후룡 같았을까? 소설은 소설일 뿐, 조선 시대 맹인은 전문직에 종사했다. 조선은 맹인의 직업으로 악공과 점술가를 장려했다. 조선 사람은 맹인이 시각을 잃은 대신 일반인이 보지 못하는 미래를 보고 듣지 못하는 소리를 듣는다고 여겼다. 시각 대신 하늘이 비범한 능력을 줬다는 믿음에 따라 조선 조정은 재능이 있는 맹인을 뽑아 걸맞은 직업을 주었다.

　음악적 재능이 뛰어난 맹인은 관현맹으로 삼았다. 관현맹은 관악기와 현악기를 다루는 맹인이다. 관현맹은 나라에 소속된 전문 악공으로 큰 행사 때 악기를 연주했다. 세종 때 이반(李班), 성종 때 정범(鄭凡), 김복산(金卜山) 등은 거장으로 이름을 떨쳤다.

　암기력과 점술에 뛰어난 맹인은 관상감(觀象監, 천문 지리를 담당한 기관) 소속 관원인 명과맹(命課盲)으로 뽑았다. 선발되지 못한 맹인은 판수로 생업을 삼았다. 판수는 민간에서 활동한 독경과 점술의 전문가였다. 성종 때 성현의 『용재총화』에 따르면 판수는 초하루와 보름에 명통사(明通寺)에 모였다. 맹인 교육 및 집회소인 명통사에 모인 판수는 독경 기술을 전수했고, 정기적으로 나라의 안녕을 비는 제사를 지냈다.[41] 나라에서 거행하는 전례를 정리한 『태상제안(太常祭案)』에 판수를 동원한 의례가 나온다. 판수는 기우제나 임금이 거처를 옮길 때도 동원되었다. 이들은 『옥추경(玉樞經)』이라는 도교 경전을 외워 비를 부르고, 임금이 거처할 곳에 있을지 모를 사악한 기운을 물리쳤다.

중국에서 도사(道士)가 하던 일을 조선에서 판수가 담당한 셈이다.

판수는 무당처럼 현란한 몸짓을 선뵈지는 못했다. 대신 판수는 듣는 이가 혀를 내두를 만큼 빠른 속도로 경전을 한 글자도 틀리지 않고 정확히 외웠다. 고도의 집중력과 훈련이 필요했을 터, 판수는 철저한 수련을 거친 다음 스승과 제자가 함께 활동했다.

이수광은 『지봉유설』에서 조선이 중국보다 뛰어난 것 네 가지를 꼽았다. 여성의 수절, 천인(賤人)의 장례, 무인의 활쏘기, 판수의 점술이었다.[42] 판수는 중국에 내세울 만큼 뛰어났다. 고전 소설 『정수경전』에서 주인공의 앞날을 예언해 정수경의 목숨을 구한 인물도 판수였다. 판수는 정수경에게 황색 대나무를 흰 종이에 그려 주고 정수경은 이 그림을 통해 살인범을 밝힌다. 살인범의 이름은 '백황죽(白黃竹)'이었다. 소설 설정으로 등장할 만큼 조선 사람은 판수의 점술을 신뢰했다.

민간에서 운수를 점칠 때는 반드시 판수를 찾았다. 1623년 인조가 왕자의 혼례를 위해 처녀단자(處女單子)를 올리게 했으나 딸을 숨기는 사람이 많았다. 한성부는 딸을 숨긴 사람을 찾기 위해 묘안을 냈다. 다름 아니라 판수를 불러 그들에게 운수를 점친 처녀를 빠짐없이 보고하게 하는 것이었다.[43]

조수삼은 『추재집』에 판수 유운태(劉雲台, 유은태)의 생애를 정리했다.[44] 유운태는 백 번 점을 쳐 단 한 번도 실수가 없는 최고 판수였다. 점 풀이로 하는 말도 남달랐다. 유운태는 운수를 묻는 이에게 효도, 공손, 충성, 신의를 말해 사람 된 도리를 일깨웠다.

성대중은 유운태를 만나 운수를 물었던 일을 『청성잡기』에 썼다. 성대중이 운수를 묻자 유운태는 "벼슬살이를 하며 살려 주는 사람이 많을 겁니다."라고 답했다. 성대중은 실제로 사람을 살리는 판결을 많이 내렸다. 훗날 성대중은 말했다. "죽을죄를 저지른 죄인이라도 처벌할라치면 유운태의 말이 떠올랐다."[45] 신광수(申光洙)도 유운태를 만난 적이 있다. 신광수는 그에게 감복해 한나라 때 유명한 점술가 엄군평(嚴君平)보다 더 어진 사람이라고 기렸다.[46]

조선 시대 맹인의 삶은 지금처럼 고단했다. 다른 점이 있다면 보통 사람들의 시선이었다. 맹인은 보통 사람이 보지 못하는 미래, 느끼지 못하는 것을 보고 느낀다고 여겼다. 이규경은 『오주연문장전산고』에서 판수는 앞이 보이지 않아 마음의 눈으로 사물을 보며, 오히려 뜻과 생각이 한결같다고 보았다.[47] 오늘날의 사람들이 장애인이 지닌 재능에 주목했던 조선 사람만큼 그들을 인격체로 대우하고 있는지 되묻지 않을 수 없다. (홍)

매사냥꾼 응사

매사냥꾼은 팔뚝에 매를 얹고 산을 오르고	鷹師臂鷹登高崧
몰이꾼은 개를 몰고 숲을 누비네.	佃夫嗾犬行林藜
꿩이 깍깍 울며 산모퉁이로 날아가니	雉飛角角流山曲
매가 회오리바람처럼 잽싸게 날아오네.	鷹來駃駃如飄風

— 정약용, 「최 선비가 사냥을 보고 지은 시에 답하다」

옛날에는 고기가 귀했다. 소는 농사에 필요한 데다 법으로 금지해 먹을 수 없었다. 돼지와 닭을 길러서 먹기도 했지만 지금처럼 대량 사육이 가능한 형편이 아니었다. 따라서 고기를 구하려면 사냥에 의지하는 수밖에 없었다. 멧돼지와 사슴은 찾기도 어렵고 잡기도 어렵다.

매가 꿩을 잡아 온 모습을 그린 「호귀응렵도(豪貴鷹獵圖)」(간송미술관 소장)

그나마 흔한 것이 꿩인데 역시 잡기가 쉽지 않다. 그래서 매를 길들여 꿩을 잡았다. 이렇게 매를 이용하여 사냥하는 매사냥꾼을 응사(鷹師) 라고 한다.

매사냥은 중앙아시아에서 시작되어 중국을 거쳐 우리나라로 들어 왔다고 한다. 고구려 벽화에 매사냥 그림이 있고, 백제의 아신왕과 신라의 진평왕은 매사냥 마니아였다는 기록이 있다.[48] 고려의 충렬왕은 응방도감(鷹坊都監)을 설치하여 본격적으로 매사냥을 육성했다. 하지만 폐단이 만만치 않았다. 매사냥꾼들은 매를 뒤쫓느라 논밭을 짓밟았고, 달아난 매를 찾는다며 민가에 난입했다. 수십 명씩 떼 지어 다니며 행패를 부리자 응방을 폐지하라는 건의가 빗발쳤다. 응방은 폐지와 복구를 거듭하며 조선 시대까지 이어졌다.

태조와 태종도 매사냥을 즐겼다. 심지어 세종조차 가끔 매사냥에 나섰다. 신하들이 그만두라고 건의하자 세종은 역정을 냈다. "신하들은 매를 많이 기르는데, 임금은 새 한 마리도 못 기르는가?"[49] 일단 매사냥의 매력에 빠지면 헤어날 수 없는 모양이다. 왕실의 응방은 역시 매사냥에 탐닉했던 연산군이 왕위에서 쫓겨나고서야 비로소 없어졌다.

그렇지만 임금님 수라상에 올릴 꿩고기를 마련하기 위해서라도 매사냥꾼은 없어서는 안 될 존재였다. 매사냥꾼들은 응사계(鷹師契)라는 조합을 만들고 세금과 부역을 면제받는 대신 왕실에 꿩고기를 납품했다. 그 많은 꿩을 매일 잡을 수는 없으니 길러서 바치기도 하고, 기른 것도 다 떨어지면 닭을 바쳤다. 그야말로 "꿩 대신 닭"이다. 숙종 때 국가에 등록된 매사냥꾼만 1800명이었다.[50] 민간에서도 매사냥이 성행했다. 제사상이나 부모님 음식상에 고기를 올리기 위해서였다. 사냥을 할 수 있게 길들인 매는 높은 가격으로 거래되었다.

고려 시대 문인 이조년의 『응골방(鷹鶻方)』, 「몽유도원도」로 유명한 안평 대군의 『고본응골방(古本鷹鶻方)』 등은 우리나라 매사냥 문화의 수준을 보여 준다. 매 사육과 훈련 방법을 설명한 책도 나왔다. 이 책에는 매의 품종과 특성, 길들이는 법, 먹이 주는 법, 사냥하는 법, 병치료법 따위가 자세하다.

우선 덫을 놓아 매를 잡는다. 그물에 산 닭을 넣어 매가 잘 다니는 곳에 놓아두면 제 발로 그물에 들어가 잡힌다. 이렇게 잡은 매를 어두운 방에 두고 수십 일 동안 천천히 길들인다. 손에 든 먹이를 받아 먹게 하고, 부르면 오게 만든다. 매가 사람과 친숙해지면 슬슬 사냥을 나간다. 그렇지만 제약이 많다. 날이 덥거나 따뜻해도 안 되고, 초목이 무성한 계절에도 안 된다. 봄에는 오전, 가을과 겨울에는 오후, 대체로 초저녁이 좋다. 야생 동물이라 언제든 달아날 수 있으므로 각별한 주의가 필요하다. 굶주리면 사냥을 못하고 배가 부르면 날아가 버리니 체중 관리에도 신경 써야 한다. 병들면 약을 지어 먹이고, 추우면 고기를 따뜻하게 데워 먹여야 한다. 상전이 따로 없다.[51]

이렇게 정성껏 길러도 오래 쓰지는 못한다. 길어야 3~4년, 짧게는 1~2년 안에 대부분 죽거나 달아난다. 그런데 강재항(姜再恒)의 「매 기르는 사람 이야기(養鷹者說)」에 따르면 매 한 마리를 무려 35년이나 기른 사람이 있었다고 한다. 오래 사는 매는 70년까지도 산다 하니 거짓말이라고 단정할 수는 없다. 비결을 묻자 바람이 거세면 날리지 말고, 날이 저물면 날리지 말라고 했다. 바람이 거세면 높이 날아가 버리고, 날이 저물면 집 생각이 나서 달아난다는 것이었다. 무엇보다 너무 자주 사냥을 시키지 않는 것이 중요하다. 매가 지치기 때문이다. 꿩 세 마리만 잡으면 만족하고 더 이상 사냥을 시키지 않았더니 매가 오래 살았다는 것이다.[52]

요컨대 욕심 부리지 않는 것이 매사냥을 오래 하는 비결이다. 아랫사람을 늦게까지 붙잡아 놓고 일을 많이 시키는 사람이 귀담아들어야 할 이야기다. (장)

7부

사농공상,

사람은 누구나 무언가를 '팔아서' 먹고 산다. 재주나 힘을 파는 사람도 있고, 시간을 파는 사람도 있다. 체면을 따지던 선비들도 따지고 보면 글을 팔아서 먹고사는 것이다. 하지만 조선 시대에는 돈을 벌려는 생각이 사람을 간사하게 만든다고 여겼다. 양반들은 직접 돈을 만지는 것조차 금기시했으니 장사하는 사람들을 어떻게 보았을지는 뻔한 일이다. 하지만 사람이 살아가려면 다른 사람과의 거래는 필수다.

조선 시대에는 알려진 것보다 많은 사람이 상업에 종사했다. 책 거간꾼 책쾌와 책 대여점인 세책점은 선비와 지식 사회에 없어서는 안 될 존재였다. 부동산 중개업자 집주름, 우체부인 전인, 운수업 종사자인 차부와 세마꾼, 소금 장수 염상은 생활에 필수적인 역할을 했다. 삼국 시대부터 기록에 등장하는 나무꾼에서 지금도 흔적을 찾을 수 있는 보부상까지, 조선 팔도를 돌아다니던 수많은 상인과 거간꾼은 물건을 거래하고 중개하며 먹고살았다. 이제 사라진 직업도 많지만 그들의 치열한 삶은 지금도 계속되고 있다.

염상,
서민들의 부업거리

염전에 가서 소금꾼들과 약정을 하되 서른 냥을 염전에 맡겨 3년 동안 소금을 받아다가 장사를 하고, 3년 후에는 맡겨 놓은 돈을 찾아가지 않겠다고 하면 소금꾼들이 틀림없이 좋아라고 응할 것입니다. 소금을 지고 백 리 안쪽을 두루 돌아다니되, 값을 당장 받아 낼 일이 아니라 외상을 남겨 두어 인정을 맺고 단골로 만들면 반드시 이득이 많을 것입니다.

— 『동패낙송』

몇십 년 전까지만 해도 시장에서 쌀가게와 더불어 소금 가게를 쉽게 볼 수 있었다. 산업화 시기에는 트럭에 소금을 싣고 돌아다니며 판매했고 김장철이 되어 많은 양의 소금이 필요하면 직접 배달해 주었다. 광개토 대왕이 연나라와의 전쟁에서 소금 획득을 언급하고, 탐라가 소금을 얻기 위해 남해안을 괴롭힐 만큼 한반도에서 소금은 예로부터 생활 필수품이자 귀한 상품이었다.

『세종실록』 지리지에 따르면 한반도에서는 제주도를 제외한 거의 모든 지역의 바닷가에서 소금을 생산했다. 소금을 생산하는 곳을 염소(鹽所), 염장(鹽場), 염전(鹽田)이라 했으며 생산자를 염한(鹽漢), 염간(鹽干), 염정(鹽丁), 염부(鹽夫)라 했다. 관청에 속한 염부는 염장관의 관리하에 소금을 생산하고 그 판매 수입으로 생활했다. 민간 업자도 비교적 자유롭게 소금을 생산했다. 이렇게 생산된 소금을 소비처로 운송하여 판매하는 사람을 염상(鹽商)이라고 했다.

유수원의 『우서(迂書)』에는 18세기 염상의 실상이 자세하다. 먹고살기 어려운 빈민이 대부분이었던 염상은 약간의 밑천으로 소금을 사서 짊어지고 다니며 팔았다. 그러므로 국가에서 실태를 파악하지 못해 세금 징수가 어려웠다. 소금의 생산과 판매는 많은 이익을 남기므로 국가에서 통제하지 않으면 힘 있고 돈 많은 자들이 독점할 위험이 있었다.[1]

따라서 생산은 국가가 주도하고, 거대 자본을 소유한 중간 상인이 수레나 배로 전국 각지로 운송한 뒤 소규모 염상이 짊어지고 다니며 판매하는 방법이 가장 합리적이고 효율적인 유통 방안이었다. 이렇게 하면 국가 재정 확보에 도움이 되고 가격을 합리적으로 정할 수 있다. 아울러 염상은 안정적인 수입을 얻고 백성은 편리하게 소금을 구

염상(국립민속박물관 소장)

입할 수 있다는 것이 유수원의 주장이다.

이러한 제안을 국가가 얼마나 수용했는지는 알 수 없다. 다만 조선 후기에 소금 방문 판매 업자로서 염상의 활동은 매우 활발했던 듯하다. 서울만 하더라도 도성 안에 내염전, 용산염전, 마포염전, 이현에 경염전 등 소금 가게가 네 곳이었으며, 소금 상인 중에는 거상이 많았다. 한양에 유통된 소금은 수십만 섬 이상으로 추정되는데, 주로 생산지에서 선박을 이용하여 한양으로 운송하고 염상에 의해 민간에 판매된 것으로 보인다.

염상의 활동은 구비 문학과 야담에 그대로 수용되어 부자가 된 사례로 흔하게 나타난다. 노명흠의 『동패낙송』에 실린 '염상으로 부자가 된 김 서방 이야기'가 가장 대표적이다.

김 서방은 아내의 조언대로 보증금 서른 냥을 염부에게 맡기고 이자 명목으로 소금을 받았다. 그는 이 소금을 짊어지고 100리 안을 두루 돌아다니며 외상으로 판매하면서 단골을 만들었다. 성실하게 장사한 덕분에 3년이 지나자 3000냥을 벌었다. 김 서방은 보증금을 되찾지 않고 다시 서른 냥을 추가로 지불하며 두 배의 소금을 달라고 했다. 염부들은 김 서방의 제안을 기꺼이 받아들였다. 김 서방은 동생과 함께 1년 동안 소금을 등에 지고 다니면서 팔다가 자금이 늘어나자 말 한 마리를 구입하여 편하게 소금 장사를 이어 갔다. 다시 3년이 흐르자 김 서방은 갑부가 되었다.

다소 과장된 이야기다. 그러나 소금은 인삼이나 담배처럼 이득이 많이 남는 상품은 아니어도 없어서는 안 되는 생필품이다. 염상은 많은 자본이 필요 없었다. 건강하고 성실하기만 하면 판로를 확대할 수 있었으므로 서민들이 직업으로 삼기 충분했다. (강)

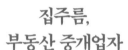

집주름,
부동산 중개업자

특별히 집주름이 나타나 생업을 꾸리니

큰 집인지 게딱지인지를 속으로 따진다.

천 냥을 매매하고 백 냥을 값으로 받으니

동쪽 집 사람에게 서쪽 집을 가리킨다.

―「성시전도시」

연일 경제 뉴스에서 빠지지 않고 보도되는 기사가 바로 부동산 시
장에 관한 것이다. 정부의 부동산 정책에서부터 중개 수수료까지 그
분야도 매우 다양하다. 특히 주택은 사람들이 가장 관심을 많이 갖
는 분야로, 주택 거래는 많은 수요와 함께 다양한 직업을 만들어 낸

다. 그중 대표적인 부동산 중개업은 조선 시대에도 존재했다.

조선 시대에는 부동산 중개업자를 집주릅(가쾌(家儈), 사쾌(舍儈))이라 불렀다. 이들이 직업으로 자리를 잡은 시기는 18세기 중반으로 추정된다. 1753년『영조실록』기사에는 부마도위(駙馬都尉, 왕의 사위)의 후손 윤성동(尹星東)이 집주릅으로 전락한 사실이 소개됐는데, 그를 무뢰배라고 표현할 정도로 집주릅의 이미지는 부정적이었다.[2] 박지원 역시 「마장전(馬駔傳)」에서 권모술수에 능한 사람으로 말 거간꾼(마장) 과 집주릅을 거론했으며, 「광문자전(廣文者傳)」에서 표철주가 가난해져 할 일이 없어지자 선택한 직업으로 묘사했다.[3]

18세기 후반 들어 집주릅은 매우 활발하게 활동한 것으로 보인다. 1792년 지은 것으로 추정되는 신택권의 「성시전도시」에는 집주릅이 큰 집 작은 집 할 것 없이 거래를 성사시키고, 한 집이 이사하면 열 집이 움직이니 짐을 나르고 말에다 싣는 노비가 끝이 없었다는 내용이 보인다.[4] 이들은 한양의 부유층이 몰려 있는 청계천 북쪽 일대 북촌(北村)은 물론 몰락한 양반들과 선비들이 모여 사는 남촌(南村), 가난한 사람들이 사는 종로 주변 외진 골목과 시장 주변의 집까지 거래 대상으로 삼은 듯하다.

심노숭이 1830년 완성한『자저실기』에는 이익모(李翊模)가 1796년 서장관으로 청나라에 다녀온 후 집주릅들을 불러 남촌과 북촌에서 가장 좋은 집을 소개해 줄 것을 요청하는 내용이 있다. 이익모가 구입하고 싶어 하는 집에 대한 설명을 들은 한 집주릅이 그 집은 왕자의 궁이라고 말하자 구입을 포기한다. 얼마 후 그는 상동(尙洞, 지금의 북창동과 남창동이 걸쳐 있었던 지역)에 있는 청주 목사 홍선양(洪善養)의 고택을 구입했는데 그 가격이 무려 7000냥이었다.[5] 한평생 집 욕심이 대단했던 것으로 알려진 이익모가 고민 끝에 사들인 홍선양의 고택은 당대 한양에서 가장 비싼 집 중에 하나로 추정된다.

그렇다면 집주름의 수입, 즉 중개 수수료는 어느 정도였을까? 신택권은 「성시전도시」에서 "천 냥을 매매하고 백 냥을 값으로 받으니"라고 언급했다. 집주름의 중개 수수료가 거래가의 10퍼센트라는 말인데, 다소 많아 보이지만 정보 독점이 가능한 시대라는 점과 당시 고리대금의 연 이자가 보통 30퍼센트를 넘었다는 점을 고려해야 한다. 조선 시대 집주름의 중개 수수료와 부담의 주체를 추정할 수 있는 자료는 거의 보이지 않는다.

1922년 《동아일보》 기사를 통해 대략 추정해 본다. 이 기사에 따르면 당시 서울에서 활동하는 집주름은 600명 이상이고, 이들은 서로 손을 잡고 이익 집단으로 발전한 것으로 추정된다. 당시 이들의 대표자를 총대라 불렀는데 당시 강성구(康星九)가 총대를 맡고 있었다. 기사에 따르면 강성구 외 123명은 가옥중개인조합의 활동을 반대한다는 진정서를 종로 경찰서와 경기도 경찰부 경무국에 제출했다. 이 과정에서 소개된 가옥중개인조합의 규정에 따르면 주택의 거래를 성사시킨 집주름은 거래가의 0.8퍼센트를 조합에 내고, 사는 사람과 파는 사람에게 각각 거래가의 1.5퍼센트씩 받아야 한다. 즉 1만 원짜리 집의 거래를 성사시킨 집주름은 매도자와 매수자에게 각각 150원씩 총 300원을 수수료로 받은 후 그중 80원을 조합비로 내고 나면 220원

「태평성시도」 중에서 건물 신축 장면이 보이는 부분(국립중앙박물관 소장)

을 챙길 수 있었다. 그런데 조합의 설립과 운영에 반대하는 집주름들은 이 규정이 시세에 맞지 않을 뿐만 아니라 이 정도의 수수료를 감당하고 집주름을 활용할 리 없다고 주장한다.[6] 여전히 오늘날보다 높은 수준이다.

조선 후기 서울에서 꽤 성행한 직업인 집주름은 일제 강점기까지 명맥을 유지하다가 결국 복덕방에게 그 역할을 물려주게 되었다.《별건곤》 23호에서는 '집주름의 집 복덕방'과 그 주변 풍경이 지방에 없는 서울의 명물로 등장하기도 한다.[7] (강)

차부,
물류 유통의 중심

용산의 한 차부가 도성 안으로 짐을 운반하고 날이 저물어 집으로
돌아가는 길이었다. …… 죄수가 형장으로 끌려갈 때는 용산 차부가
수레로 실어 가는 것이 상례였다.

— 구수훈, 『이순록』

일상에서 크고 무거운 물건을 옮기는 일은 다반사다. 국제 무역이
활발해지고 지방과 도시 간에 물류 유통과 통신, 온라인 거래가 일
상화된 요즘 운송업의 역할은 아무리 강조해도 지나치지 않다. 운송
환경을 개선하는 일은 국가에서 중요한 기간산업으로 분류하여 많은
예산을 투입하고 정책적으로 지원한다.

차부(국립중앙박물관 소장)

　지금과 달리 과거에는 물류의 이동이 그리 활발하지 않았다. 특히 우리나라는 조선 시대까지만 해도 물길을 제외하면 원거리 물류 유통을 위한 도로 시설이 매우 열악해서 우마차 사용이 원활하지 못했다. 따라서 조선 시대에 우마차를 수단으로 하는 운송업은 도시 중심으로 형성되었으며, 여기에 종사하는 운송업자를 차부(車夫)라 했다.

　이들은 조선 초기 문헌에서부터 자주 등장한다. 용산 지역에는 일찌감치 많은 차부들이 자리를 잡은 것으로 보인다. 『예종실록』에는 용산 차부들이 살인 사건 현장에 있었다는 기록이 있다.[8] 구수훈이 지은 『이순록』에는 용산 차부들이 전문적으로 사형수와 그 시신을 이송한 것으로 소개했다. 소가 끄는 수레로 사형수를 형장까지 옮기는 사극의 한 장면을 떠올리면 쉽게 이해할 수 있다.

1602년 한성부에 속한 차부는 열한 명이었다. 그중 네 명은 왕자들이 사적으로 이용하는 바람에 공무를 수행하지 않아 크게 문제가 되기도 했다. 1739년경 보충된 『신보수교집록(新補受教輯錄)』에 한성부 소속 관직이 모두 정리되어 있는데, 이에 따르면 총융청에 한 명, 수어청에 두 명의 차부를 공식적으로 두었다. 관청 소속 자영업자와 민간인 신분의 차부가 공존했다는 사실을 알 수 있다. 이들은 주로 사대문 밖에 거주했다.[9]

차부는 삯을 받고 각종 화물을 운송하기도 했지만 정부의 토목공사에 동원되는 경우가 허다했다. 특히 왕실의 건축 현장에서 목재와 석재 운반은 이들이 도맡았다. 중앙 정부 소속과 달리 한성부와 민간인 차부는 과중한 업무에 시달렸다. 심지어 수레 세 대에 실어야 하는 짐을 한 대에 다 실으라고 강요하는 경우도 있었다. 정부의 무리한 요구로 과중한 업무에 시달리던 차부들은 고역을 참지 못해 도망하곤 했다.[10]

정조는 화성(華城) 공사에서 이들을 대대적으로 고용했다. 1794년 9월 16일부터 1796년 8월 19일까지 공사에 투입된 사람들에게 음식을 주며 위로한 기록 중 열 차례에 걸쳐 차부가 등장한다. 총 646명의 차부가 동원되었으니 회당 평균 64.6명이다. 이들에게 제공된 음식은 적게는 떡 한 개, 많게는 국 한 그릇과 밥 한 그릇, 떡 두 개, 술한 잔 등이었으니 위로 차원에서 제공된 음식의 양이 적지 않았음을

알 수 있다.[11]

시간이 지나면서 운송 수단과 동력, 화물 종류에 따라 차부를 구분하기 시작했다. 일본인 정치가 아키야마 사다스케가 창간한 《니로쿠신보(二六新報)》 1894년 11월 28일 기사에 인력거부(人力車夫)라는 명칭이 등장하는데, 이는 사람이 직접 수레를 끄는 경우에 부여한 명칭으로 보인다. 조선 측 자료 역시 이 시기 전후부터는 일관되게 우차부(牛車夫)와 인력거부를 구분하여 사용했다. 특히 1906년에 발표된 「직령 81호」 '지방세 규칙'에서 운송 사업 분야는 교자세(轎稅), 인력거세, 자전거세, 짐수레세(荷車稅)로 구분하여 과세했다.[12]

수레로 사람을 치어 유배 간 차부가 있는가 하면, 인력거꾼 중에는 단발령을 거부하여 투옥된 이도 있었고,[13] 국채보상운동에 참여한 이도 있었다.[14] 이들은 조합을 설립하여 운송업을 조직화하고 자신들만의 영역을 만들어 점차 전문 직업으로 자리 잡기 시작했다. (강)

세마꾼,
종합 운수 사업가

세마 세 필을 내었으니 돈이 얼마나 들었겠니? 노자와 함께 열 냥이
나 들되 집에 돈이 턱없이 모자라 근이에게 돈을 빌렸단다.

— 『의성 김씨 김성일 파 종택 한글 간찰』

학봉 김성일의 11세손 김진화의 부인 여강 이씨가 1847년 5월 아
들에게 보낸 편지다. 세마(貰馬)란 빌리는 말을 가리킨다. 명문 종가에
서도 말을 빌리는 데 돈이 모자라 '근이'라는 친척의 신세를 졌다.

당시 말은 노비보다 더 비쌌다. 노비 한 명을 면포 150필 정도에 사
고팔았는데 말은 그 세 배에 달하는 400~500필을 줘야 살 수 있었
다. 말을 먹이고 관리하는 비용도 들기 때문에 말을 소유하려면 큰

비용을 치러야 했다. 그래서 말이 필요한 이들에게 빌려주는 서비스가 생겨났다. 이들을 세마꾼 또는 세마부라고 불렀다. 지금의 렌터카나 택시, 택배와 같은 역할을 했으니 조선판 종합 운수 사업가라고 하겠다.

왕실 기록에는 궁녀들이 궐 밖으로 나가거나 물건을 옮기는 데 세마를 이용했다는 내용이 있다. 고전 소설과 야담에서는 오늘날 차를 렌트해 드라이브하듯 호탕하게 세마를 내어 길을 떠나는 장면도 나온다. 하지만 실제로는 여강 이씨의 사례처럼 양반가에서도 세마는 섣불리 쓰기 어려웠다.

이 씨는 비용 부담 탓에 "정신이 어지럽고 안정할 수 없어 괴롭다." 라고까지 적었다. 여강 이씨가 쓴 열 냥은 얼마나 되는 돈일까? 당시 서울의 여섯 간짜리 초가가 스무 냥가량이었다. 집값의 절반에 해당하는 큰돈을 썼으니 정신이 아득해질 만하다.

비싼 가격에도 불구하고 말을 빌리려는 수요가 늘어나자 적지 않은 규모로 말을 관리하고 빌려주는 가게인 마계전(馬契廛)이 호황을 누렸다. 여강 이씨의 또 다른 편지에는 3000냥을 들여 서울에 마계전을 차리려는 동생을 뜯어말리는 내용이 보인다. 당시 서울의 괜찮은 기와집이 300냥 안팎이었으니 마계전을 차리려면 기와집 열 채 값이 든다.

세마를 내면 견마잡이라는 말몰이꾼이 따라붙었다. 견마는 원칙적으로 문무관에게만 허용되었지만 민간에서도 유행하여 견마잡이가 없으면 체면치레를 할 수 없다고 여겼다. 견마잡이는 손님을 목적지까지 데려다주고 말을 세마꾼에게 돌려주는 일을 했다. 차를 빌리면 내비게이션과 기사가 딸려 오는 격이다. 이들은 가야 할 곳의 지리를 훤히 꿰고 있기에 훌륭한 길잡이 역할을 했다. 여울을 많이 건너야 할 경우 업어서 건네주는 월천꾼에게 따로 품삯을 주지 않아도 되기 때문에 비용을 줄일 수 있었다.

하지만 문제는 견마잡이가 고삐를 잡고 걸어갔기 때문에 말도 그에 맞춰 천천히 걸을 수밖에 없었다는 것이다. 드라마나 영화처럼 말을 타고 빠르게 달리는 모습은 조정에 급한 보고를 올리는 파발 외에는 보기 어려웠다. 실제로는 손님은 견마잡이가 이끄는 말에 탄 채 주변을 느긋하게 구경하며 갔다. 실학자 박제가는 이를 두고 "말의 속도를 활용하지 못하는 어리석은 짓"이라고 비판했다. 하지만 도로 상태가 좋지 않았고 빨리 달릴수록 비싼 말이 다칠 위험도 컸기 때문에 당시로서는 별다른 선택지가 없었던 것도 사실이다.

오늘날 착불로 보내는 택배처럼 세마를 보낸 뒤 받는 쪽에서 대가를 지불하기도 했다. 급한 환자는 세마에 태워 의원에게 보냈으니 구급차 역할까지 맡았다. 나라에서 사용하는 역마(驛馬)가 부족하거나 북경으로 사행을 떠나는 경우에도 세마꾼에게 말을 빌렸다. 이처럼 세마는 백성의 발 노릇을 충실히 해 주었다.

하염없이 길을 걷던 말은 이제 그 고역을 감당하지 않아도 되는 세상이다. 기술은 더 발전해서 조만간 자율 주행 자동차가 상용화된다는 소식도 들린다. 사람도 운전이라는 굴레를 벗어나는 날이 오는가 보다. (김)

세책점주,
유행을 이끈 출판 기획자

쾌가(儈家)에서 깨끗이 베껴 쓴 소설을 빌려주는 값을 받아 이익으로 삼았다. 지각이 부족한 부녀자가 비녀와 팔찌를 팔거나 빚을 내면서까지 다투어 빌려 그것으로 긴긴 하루를 보냈다.

— 채제공, 『번암집』

17세기 후반은 상업이 크게 활기를 띠며 시장에서 다양한 물품이 거래된 시기다. 소설책 역시 사고팔렸다. 소설책을 전문으로 베껴 쓰는 필사업자가 나타났고, 대여료를 받고 빌려주는 세책점이 서울 곳곳에 들어섰다. 도성 안에만 열다섯 곳이 성업했다. 세책점주는 책을 빌려주고 대여료를 받는 세책(貰冊)을 생업으로 삼는 사람이다.

책과 목록을 들고 외판하는 책쾌(冊儈)와 달리 세책점주는 깨끗이 필사한 소설책을 갖춰 놓고 손님을 기다렸다. 독자를 매료시킬 작품을 골라 구비해야 했으므로 서책점주는 작품 가치를 알아보는 안목과 유행을 읽는 감각이 필요했다. 한 권짜리 작품을 여러 권으로 나눠 필사하고, 결정적 장면에서 다음 권으로 넘겨 독자가 계속 빌리게 만들었다. 세책점주는 출판 기획자이자 편집자였다.

19세기 말엽 조선의 서적을 연구한 프랑스 학자 모리스 쿠랑에 따르면 세책점 책은 책방에서 파는 것보다 좋은 종이를 썼고, 대여료로 책값의 10분의 1 또는 2문을 받았다.[15] 비슷한 시기 조선을 방문한 영문학자 오카쿠라 요시사부로는 세책점이 일본의 책 대여점 가시혼야와 비슷하다며, 빌려주는 책은 붓으로 큰 종이에 선명하게 썼고 대여료는 3리(厘)가량이라고 했다.[16]

지금 남아 있는 세책 장부에 『임화정연』과 『쌍성봉효록』이 151권, 값이 일흔닷 냥 5전이라고 적혀 있다. 『임화정연』과 『쌍성봉효록』 같은 대장편 소설은 권당 5문을 받았다. 책값을 권당 5전이라 치면 최소 열 번 이상을 빌려줘야 타산이 맞는다.

세책점 소설책이 어찌나 인기가 좋았던지 정조 때 좌의정을 역임한 채제공은 부녀자들이 빚을 내 소설책을 빌려 본다며 우려했다.[17] 실학자 이덕무는 소설책을 빌려 보다가 가산을 탕진하는 이도 있다고 목소리를 높였다.[18]

대여료는 작품에 따라 달랐다. 짧은 소설은 권당 2문을 받기도 했다. 조선 후기 서울 임노동자 품삯이 25문가량이었다. 유만주(兪晩柱)

는 여덟 식구 1년 쌀값이 쉰여섯 냥이었다고 했다.[19] 네 식구를 기준으로 삼으면 하루치 쌀값은 7.6문 꼴이다. 짧은 소설 한 권, 긴 소설 한 권을 빌리면 그날은 온 식구가 쫄쫄 굶어야 했다. 책 대여료로 2문 혹은 5문은 상당히 비싼 가격이었다. 네 식구 하루 쌀값이 7.5문인데 책 대여료가 5문이니 이덕무의 우려는 과장이 아니었다.

세책점주는 소설 유행을 일으킨 장본인이었다. 세책점주가 고른 작품은 사대부 여성 사이에서 트렌드가 되었다. 일제 강점기에 활동한 선교사 해밀턴은 조선 여성이 소설을 탐독했으며, 내용을 모르면 무리에서 따돌림을 당했다고 회고했다.

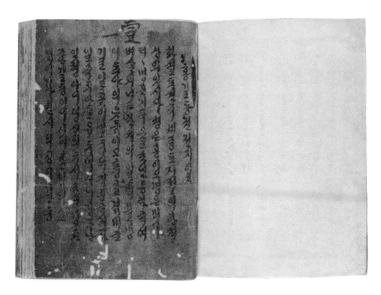

『홍길동전』 3권 3책 가운데 권1.(일본 동양문고 소장) 본래 한 권짜리 작품을 세 권으로 나눴다. 마지막 두세 줄은 글자를 적게 써 책장 집는 곳으로 썼다.

가만히 앉아 책만 빌려주는 쉬운 일 같지만 세책점주는 감정 노동
자였다. 18세기 후반 서울 도성 안팎에 세책점은 서른 곳 남짓 성업
했다. 세책점끼리 경쟁하면서 작품도 늘고 책도 좋아진 만큼 독자의
눈높이도 높아졌다. 독자는 글씨가 조악한 소설을 여러 권으로 나누
면 욕설을 써서 반납했다. 세책점주는 요즘 말로 '악성 댓글'에 시달
렸다.

인기가 많은 책은 여러 사람이 봤으므로 낙서도 많았다. 인신공격,
음담패설은 물론이고 세책점주의 어머니까지 욕했다. 『설인귀전』 말
미에 "부디 네 어미를 단장시켜서 이 글씨 쓰신 양반에게로 시집보내
라."라는 낙서가 있다. 책을 빌리고 보니 글씨체가 엉망이었던 것이다.
여러 권으로 나눠 만든 것을 트집 잡기도 했다. 『김홍전』을 빌린 이
는 한 권짜리 책을 네 권으로 만들었다며 "잡놈"이라고 욕을 썼다.

세책점주도 댓글로 응수했다. 다만 간곡한 말투로 고객을 잃지 않
으려 노력했다. 착실히 보시고 낙서하지 말라든지, 욕설을 기록하지
마시길 천만 번 바란다고 썼다. 한 권으로 묶기에 분량이 길어 어쩔
수 없이 두 권으로 나눴노라고 변명도 했다. 벌금을 물리겠다고 엄포
를 놓는 세책점주도 있었다. 낙서를 지울 수 없어 흰 종이를 꼼꼼히
오려 붙이기도 했다. 그러나 낙서는 줄지 않았다.

세책점주 덕분에 책은 수많은 독자를 만났다. 독자도 세책점을 통
해 다양한 소설책을 접했다. 세책점주는 서적, 나아가 지식의 대량 유
통을 가능하게 한 장본인이었다. 세책점주가 있었기에 사대부 여성은
소설 독서라는 특유의 문화를 즐길 수 있었다. (홍)

책쾌,
헌책 사고팝니다

『합강(合綱)』과 같은 판본의 책이라면 경사(經史)와 제자서(諸子書), 잡기(雜記), 소설(小說)을 따지지 말고, 한 책이든 열 책이든 백 책이든 구해만 주시오.

— 유만주, 『흠영』

이덕무는 생활이 궁핍해지자 『맹자(孟子)』 한 질을 200전에 팔아 처자식을 먹였다. 그 소식을 들은 유득공은 『춘추좌씨전』으로 술을 사서 이덕무와 함께 마시며 서로 처지를 위로했다. 그런데 그들은 누구를 통해 책을 팔았을까?

서점이 없었던 시절 책은 책쾌를 통해 거래했다. 책쾌는 책의 판매자와 구매자를 연결하는 중개인으로 서쾌(書儈), 책거간꾼으로도 불렸다. 이덕무처럼 가난하거나 권세를 잃어 망해 가는 집안에서 흘러나온 책을 시세의 반값에 사들였다가 제값에 되팔아 이익을 보았다.

종이가 귀해 편지를 빈 공간 없이 쓰던 상황이었으니 책은 말할 나위 없다. 분량이 적어 단권으로 엮인 『대학(大學)』이나 『중용(中庸)』도 품질이 좋은 옷감인 상면포 서너 필을 주어야 살 수 있었다. 이는 논 두세 마지기의 고가였다고 한다.[20] 이덕무는 『맹자』 한 질 값으로 200전(2000푼)을 받았는데, 한 푼이 200~500원 정도의 가치였으니 지금으로 치면 40~100만 원 정도다. 최근 연구에서는 저렴한 책은 임노동자의 하루 일당으로 살 수 있었다고 하는데 책값은 판본과 종이의 질, 희귀본 여부에 따라 천차만별이었을 것이다.

좋은 판본의 희귀한 책은 권력을 독점한 경화사족(京華士族)이 먼저 차지했다. 조정에서 받은 책과 연행을 통해 수입한 중국책, 책쾌에게 구입한 책들이 경화사족의 개인 도서관인 장서루(藏書樓)에 쌓여 갔다. 홍한주(洪翰周)는 『지수염필(智水拈筆)』에서 심상규(沈象奎)의 장서는 4만 권, 조병구(趙秉龜)와 윤치정(尹致定)은 3만 권이 넘었으며 1000권이 넘는 집은 셀 수 없을 정도로 많다고 했다.

책쾌는 고객의 집을 찾아다니면서 샘플이 될 만한 몇 권의 책과 목록을 보여 주며 사라고, 혹은 보유한 책을 팔라고 권유하는 방식으로 흥정을 걸었다. 고객이 원하는 책이라면 희귀본이나 금서(禁書)라도 구해 줄 수 있는 정보력이 필요했고 이왕이면 많은 책을 가지고 다닐 수 있어야 했다.

내 비록 책은 없지만 아무개가 어떠한 책을 몇 년 소장하고 있다가 어떤 책을 나를 통해 팔았소. 그 때문에 책의 내용은 모르지만 어떤 책을 누가 지었으며, 누가 주석을 달았고, 몇 권 몇 책인지까지 다 알 수 있다오. 그런즉 세상의 책이란 책은 다 내 책이요, 세상에 책을 아는 사람도 나만 한 사람이 없을 것이오.

— 유재건, 「조생(趙生)」, 『이향견문록』

　유명한 책쾌 조신선(曺神仙)은 책의 제목만 대면 저자와 권수, 출간 연도와 판본 등을 줄줄 읊었다. 내용에 대해서도 모르는 게 없었으며 어떤 책을 누가 소유하고 있다가 어디로 팔려 갔는지도 알았다고 한다. 조신선은 이름과 사는 곳도 알 수 없지만 100세가 넘도록 늙지 않아 신선으로 불렸다고 하니, 아마도 그를 닮은 자손이 책쾌의 업을 이어 갔던 것이 아닌가 생각된다.

　유만주(兪晚柱)는 조신선의 단골이었는데 『한화(閑話)』, 『합강(合綱)』, 『서상기(西廂記)』와 같이 중국에서 수입한 명·청대 책을 주로 구입했다. 『사변(思辨)』은 200푼, 『패문운부(珮文韻府)』는 8000푼에 샀으며, 『정씨전사(鄭氏全史)』와 『김씨전서(金氏全書)』는 4만 푼에 달했다고 한다. 정약용은 1776년과 유배 가기 전인 1800년 두 차례 책쾌 조신선을 만난 적이 있고, 조수삼의 부친 조원문(趙元文)도 집에 있는 책은 모두 조신선에게 샀다고 했다.[21]

　최한기(崔漢綺)는 조선은 물론 중국과 서양에서 수입된 책도 널리 구해 읽었다. 다 읽은 책은 책쾌에게 되팔아 새 책을 사는 비용으로 충당했다. 그의 집에는 책쾌가 하도 드나들어서 문턱이 닳아 없어질 정도였다고 한다. 하지만 무엇이든 과하면 사단이 나는 법, 책을 사는 데 돈을 너무 써서 말년에는 지금의 한국은행 자리에 있던 집을 팔고 도성 밖으로 이사 가는 신세가 되었다.

18세기 이후 중국서와 서양서가 대거 수입되고 조선에서 인쇄된 방각본과 한글 소설도 일반에 유행하면서 책쾌의 영업은 흥성했다. 영조 때 청나라 책 『명기집략(明紀輯略)』에 태조와 인조를 모독한 구절이 있다고 해서 이 책의 소장자와 판매자를 잡아들인 사건이 있었는데, 이때 죽은 책쾌가 100여 명에 달했다는 사실로도 충분히 짐작할 수 있다.

일제 강점기에는 송신용(宋申用)이라는 책쾌가 있었다. 그는 독립운동에 대한 관심과 민족애를 바탕으로 민족의 문화유산을 후손들에게 보존해 주겠다는 사명감을 갖고 살아갔다. 책쾌라는 한계를 벗어나 작가를 고증하고 해제와 고증, 발문, 필사기 등을 남겼다.[22]

지식이 유통되기 어려운 시절 책쾌는 지식인들의 집을 오가며 문턱이 닳도록 바쁘게 움직였다. 조선 지식인의 학문적 성장에는 그들의 노고가 숨어 있다. (김)

전인과 글월비자,
조선의 우체부

몇 달 소식이 막혀 늘 궁금했으나 인편을 구할 길이 없고 전팽(專伻)
도 보내기 어려워 내내 걱정만 했다. 어제 유산(楡山)에 도착하여 갑
자기 네가 쓴 편지를 보니 기쁘기 그지없었다.

— 조병덕(趙秉悳)의 편지 중에서

조선 시대에 편지는 멀리 떨어진 이와 소식을 주고받는 유일한 수
단이었다. 우체국이 없던 당시 편지는 인편으로 전하는 수밖에 없었
다. 오가는 사람에게 편지를 부탁하는 방식이었다. 오가는 이가 없으
면 편지를 써 두고 기다렸으며, 때마침 일정이 맞는 사람을 찾으면 밀
린 답장을 한꺼번에 써 부쳤다.

민족문화대백과사전 '우체부' 항목에서(1910년대)

1700여 통의 편지를 남긴 조선 후기 양반 조병덕은 일정이 맞는 사람을 만나자 밀린 편지를 급하게 썼다. 밤늦도록 많은 편지를 썼던 그는 아들에게 보내는 편지에 눈병이 악화되어 괴롭다고 토로했다. 눈병을 참고 편지를 몰아서 쓸 만큼 일정과 행선지가 맞아떨어지는 사람을 만나기란 쉽지 않았다.

인편이 있어도 거리가 멀면 언제 도착할지 기약할 수 없었다. 충청도 예산에 살던 예안 이씨가 제주도에 유배 간 남편 추사 김정희에게 보낸 편지는 7개월이 지나서야 도착했다.

인편과 달리 품삯을 받고 일정에 맞게 편지를 전달하는 전문 배달꾼도 있었다. 이들은 전인(專人), 전족(專足), 전팽이라 불렸다. 전인은 품삯을 받고 편지를 수취인에게 정확히 전달하는 것으로 업을 삼았다.

전인은 남다른 전문성이 요구되었다. 먼저 전인은 수취인이 사는 곳 지리를 손바닥 보듯 훤히 꿰뚫었다. 먼 길을 일정에 맞춰 오가야 하므로 발걸음도 빨랐다. 물어물어 수취인을 찾았을 터이니 말귀와 길눈 모두 밝았다. 전인마다 담당 지역이 있었고, 각지로 떠날 전인을 관리하는 중개인도 있었다. 급히 보낼 편지가 있었던 조병덕은 인편을 구하기 어려워지자 서업동이라는 중개인을 만났다. 서업동은 조병덕에게 전인 송금돌을 소개했다. 조병덕은 행선지, 날짜, 노잣돈을 제시했고 서업동은 수수료를 감안한 뒤 걸맞은 전인을 소개했다.

중개업자가 없으면 직접 전인을 구했다. 중개인에게 주는 수수료는 없었지만 이 경우 흥정이 쉽지 않았다. 급한 편지인 데다 전인이 높은 가격을 부르면 고리로 빚을 내기도 했다. 빚마저 여의치 않으면 비용 일부를 수신자가 착불로 부담했다.

남다른 능력이 요구되었던 까닭에 전인은 오가는 데 드는 노잣돈에 더해 품삯도 받았다. 노잣돈과 품삯은 일정과 거리에 따라 달랐다. 먼 거리를 급히 가는 전인의 품삯은 만만치 않았다. 『춘향전』에서 춘향은 방자를 불러 열 냥을 주고 솜옷도 한 벌 해 줄 테니 이몽룡에게 편지를 전해 달라고 부탁했다. 방자를 전인으로 쓰겠다는 말이었다. 조선 후기 서울 임노동자 하루 품삯은 스물닷 푼(2.5전) 남짓이었다. 춘향은 임노동자 40일 치 임금과 옷 한 벌을 품삯으로 제시한 셈이다.

민가에서 전인이 활약했다면 대궐에서는 글월비자를 두었다. 글월비자는 색장나인(色掌內人, 시중을 들던 궁녀) 밑에서 심부름을 담당했다. 주요 임무 가운데 하나는 민간인 신분의 전인이 드나들기 어려운 대궐 안팎에 편지를 전달하는 일이었다. 이들은 복색을 갖추고 허리에 검은 띠를 매어 신분을 표시했다.

혜경궁 홍씨는 『한중록』에서 아들 정조를 두고 "노모 마음을 헤아려 서울 성내 거둥이라도 궁을 떠나시면 안부를 묻는 편지가 끊이질 않으시더라."라고 썼다. 정조가 어머니 혜경궁 홍씨에게 수시로 보낸 편지는 글월비자가 전달했을 터였다.

1899년 《독립신문》에 배달도 반송도 못 한 편지가 우체사(郵遞司, 우체국)에 무더기로 쌓여 있다는 기사가 실렸다. 1896년 집마다 통, 호가 부여되었으니 전하지 못할 편지는 없을 터였다. 문제는 주소가 아닌 다른 곳에 있었다. 바로 전인에게 편지를 맡기던 관습이었다. 발송인은 전인에게 편지를 맡기며 '아무 동네 아무개 집 누구누구'라고 일러 주면 그만이었다. 주소가 집집마다 부여된 뒤에도 편지를 쓰며 겉봉투에 주소 없이 '동대문 옆 홍길동'이라고 썼던 것이다.

"서울 가서 김 서방 찾는다."라는 속담이 있다. 무턱대고 막연하게 일을 추진하는 경우를 일컫는 말이다. 두루 적용될 속담이지만 전인에게는 예외였다. 전인에게 서울 아무 동네 김 서방이라고 일러 주면 편지는 어김없이 배달되었다. 전인은 서울 가서 김 서방을 찾아 편지를 전해 주는 전문가였다.

1884년 우정총국은 체전부(遞傳夫. 우체부)를 뽑으며 역참에 소속되었던 역졸(驛卒)을 우대했다. 지리에 대한 감각도 있고 하루 100리를 걸을 수 있는 체력을 갖추었다고 보았기 때문이다. 하지만 일반인은 전인이 더 익숙했다. 전인은 대충 말해도 알아들었던 만큼 편했다. 새로운 주소는 그렇지 않았다. 낯설고 불편했다. 체전부가 등장하고 나서도 한동안 전인이 조선 팔도를 누볐던 까닭이겠다. (홍)

짚신 재벌의 생애

토정 이지함이 고을 사또가 되자 큰 집을 지어서 빌어먹는 백성을 모
여 살게 하고 수공업을 가르쳤다. 가장 손재주 없는 사람은 볏짚을
주고 짚신을 삼게 했다. 하루에 열 켤레를 만들어 팔아 하루 양식을
마련하고 남는 것으로는 옷을 지어 주니 몇 달 만에 먹고 입을 것이
넉넉해졌다.

— 정약용, 『목민심서』

『토정비결』의 저자로 알려진 이지함이 포천 현감을 지낼 적 일이
다. 먹고살 길 없는 백성들을 한집에 모아 놓고 기술을 가르쳤다. 가
장 쉽게 배울 수 있는 기술이 짚신 삼기였다. 땅이 없어 농사도 못 짓

고, 밑천이 없어 장사도 못 하고, 특별한 기술도 없다면 짚신 삼기가 제격이다. 별다른 손재주가 필요 없는 단순 반복 작업이기 때문이다. 하루 열 켤레만 만들면 먹고살기 충분했다. 정약용은 옥바라지할 사람이 없는 죄수도 짚신을 삼으면 옷과 양식을 마련할 수 있다고 기록했다.[23]

재료비는 들지 않는다. 볏짚, 왕골, 삼베, 부들, 심지어 폐지에 이르기까지 재료는 지천에 널려 있다. 수요도 무궁무진하다. 짚신은 오래 쓰는 물건이 아니다. 솜씨 좋은 사람이 만든 것이라야 서너 달 신을 수 있었다고 한다.[24] 보통 짚신은 일회용품이나 다름없었다.

짚신 삼기는 조선 시대에 가장 인기 있는 부업이었다. 농사짓는 사람들도 농한기나 궂은 날씨에는 집에서 짚신을 삼았다. 할 일이 없어 방 안에서 쉬더라도 손은 쉬지 않고 부지런히 짚신을 삼았다. 승려들도 가을과 겨울에는 짚신을 삼아 생계를 꾸렸다. 조선 시대 선비들의 글을 보면 승려에게 짚신을 선물로 받았다는 기록이 많다.

전업으로 짚신을 삼는 사람들도 존재했다. 구한말 이건창(李建昌)의 기록에 따르면 강화도에 사는 유 노인은 30년 동안 집에서 한 발짝도 나오지 않고 짚신을 삼았다. 완성하면 집주인에게 주고 시장에 가서 쌀로 바꿔 오게 했다. 이건창은 유 노인 집 맞은편에 살았지만 한 번도 얼굴을 본 적이 없었다.[25]

비슷한 시기에 흑산도의 신운서(申雲瑞)라는 사람은 재료를 짊어진 채 이 마을 저 마을 돌아다니며 짚신을 삼아 주었다. 그는 항상 막내딸의 손을 잡고 다녔다. 원래 딸이 넷이었는데 첫째와 둘째는 시집갔

(⼷447)　SANDALS SELLER　賣靴藁 〈俗風鮮朝〉

짚신 장수(국립민속박물관 소장)

고, 셋째는 큰딸에게 맡기고 막내만 데리고 다닌 것이다. 그가 막내 딸을 맡길 곳을 찾자 누군가 물었다.

"짚신을 삼으면 먹고살 수 있을 텐데 굳이 남에게 맡기려는 이유가 뭐요?"

신운서가 대답했다.

"사내아이는 상관없지만 계집아이를 길바닥에서 키울 수는 없소."

신운서는 이렇게 네 딸을 키웠다. 부지런히 짚신을 삼으면 집에만 있어도, 심지어 집이 없어도 먹고살 수 있었던 것이다.[26]

더욱 부지런하면 부자가 되는 것도 가능했다. 송세흥(宋世興)은 두세 살 무렵 서울 한복판에 버려졌다. 때마침 서울에 올라온 경남 기장 사람이 발견하고 데려다 키웠다. 그 사람의 성을 따라 송씨가 되었다. 낮에는 품팔이 노릇을 하고 밤에는 짚신을 삼았다. 잠을 쫓으려고 후추를 찧어 눈에 발랐다. 이렇게 밤낮없이 부지런히 일하던 송세흥은 돌연 출가하여 승려가 되었다. 그는 절에서도 계속 짚신을 삼았다. 10년이 지나자 돈 수천 냥을 모았다. 송세흥은 승려 노릇을 그만두고 이 돈으로 가정을 꾸렸다.

그러나 가정생활은 오래가지 못했다. 아내가 일찍 세상을 떠났기 때문이다. 송세흥은 어린 아들과 함께 도로 절에 들어갔다. 누군가 이유를 묻자 이렇게 말했다.

"재산을 모으려면 속세 사람보다 승려가 낫지요."

송세흥은 다시 승려가 되어 짚신을 삼았다. 10여 년이 지나 아들이 결혼할 나이가 되자 비로소 절을 나왔다. 그는 이미 마을에서 으뜸가는 부자가 되어 있었다.

송세홍은 수만 냥의 재산을 모으고도 짚신 삼기를 그만두지 않았다. 그는 항상 말했다.

"나는 이것으로 집안을 일으켰으니 잊을 수 없다."

승려처럼 검소하게 살았지만 인색하지 않았다. 마을에 어려운 일이 있으면 큰돈을 내놓았다. 마을 사람들을 위해 강에 돌다리를 놓아 주기도 했다. 마을 사람들은 기념비를 세워 보답했다. 현재 기장군 기장읍 동부리에 있는 '청강교비(淸江橋碑)'가 이것이다.

송세홍은 98세까지 장수하고 병 없이 편안히 세상을 떠났다. 손자 하나는 무과에 급제했다. 사람들은 베풀기 좋아한 덕이라 했다. 그는

짚신 가게 전경(부산광역시 시립박물관 소장)

조선잡사

자기 상여를 메 줄 일꾼들이 신을 수십 켤레의 짚신을 만들어 놓고 눈을 감았다. 심노숭의 『남천일록(南遷日錄)』에 나오는 짚신 재벌 송세흥의 이야기다.[27]

짚신 삼기는 일제 강점기까지도 변함없는 풍경이었다. 일제 강점기 경기 용인에 살았던 선비 정관해(鄭觀海)는 마을 사람들과 옹기종기 모여 앉아 짚신을 삼으며 말했다. "낮에는 나무하고 저녁에는 짚신 삼으며 빚 독촉받지 않는 게 상팔자다."[28] 그러나 그의 상팔자는 오래가지 않았다. 고무신 혁명이 일어나자 짚신은 하루아침에 자취를 감추었다. 고무신 가격은 짚신의 서너 배가 넘었지만 오래 신을 수 있었다. 자본과 기술이 없어도 부지런히 일하기만 하면 먹고살 수 있었고, 더욱 부지런히 일하면 부자도 될 수 있었던 시대는 그렇게 막을 내렸다. (장)

떠돌이 상인들의
조직된 힘, 보부상

새우젓 사려 조개젓 사려, 초봄에 담은 쌀새우는 세하젓이요, 이월

오사리는 오젓이요, 오뉴월에 담은 것은 육젓이요, 갈에 담은 것은

추젓이요, 겨울 산새우는 동백젓이요.

— 보부상의 새우젓 타령

담바고를 사시오 담바고, 평양에는 일초요,

강원도라 영월초요, 평안 성천의 서초요,

입맛 나는 대로 들여가시오.

— 보부상의 담바고 타령

조선잡사

조선 시대에 이리저리 떠돌며 물건을 팔아 살아가던 사람들이 있었다. 바로 보부상이다. 보부상은 봇짐장수 보상(褓商)과 등짐장수 부상(負商)을 합친 말이다. 보상은 비단, 금은으로 만든 세공품, 필묵, 피혁 제품 같은 고가품을 보자기에 싸 가지고 다녔고, 부상은 생선, 소금, 나무 제품, 토기 등 비교적 저렴하고 부피가 큰 물건을 지게에 지고 다녔다. 도로가 발달되지 않아 상품의 유통이 어렵던 시대에 꼭 필요한 사람들이었다.

이들은 마을을 돌아다니며 물건을 팔았고, 오일장이 생겨난 뒤로는 장날에 맞추어 순회하는 장돌뱅이가 되었다. 매매 알선과 금융, 숙박업 등을 하던 객주(客主)에 소속되어 일하는 경우도 있었다. 사농공상의 구분이 뚜렷한 시대에 사람 대접을 받기 어려운 직업이었던 데다 자본도 없었기에 더욱 천시받았다. 이로 인해 그들은 동료를 모으고 계를 맺어 끈끈한 조직을 이루었다. 보부상단은 읍내에 가게를 차리고 보부상을 적재적소에 배치했으며, 장터가 서면 흥정꾼을 고용하기도 했다.

부상과 보상은 각각의 상단(商團)으로 나뉘어 있었고, 취급하는 물품도 구분하여 남의 영역을 침범하지 않았다. 상단은 군현을 묶은 관할마다 임소(任所)를 두고 그 우두머리인 본방(本房)을 선출하여 사무를 맡았다. 또한 본방 중에서 접장(接長)을, 접장 중에서 도접장(都接長)을 선출해 팔도를 대표하는 전국적인 조직을 이루었다. 이들은 이름과 취급 상품, 거주지 등이 적힌 신분증을 발급했고 세금도 납부했다. 혼자는 약하지만 조직을 이루면 강해진다는 것을 알게 된 이들은 탐관오리나 폭력배의 횡포에 공동으로 대항했다.

태조 이성계가 위화도에서 회군할 적에 황해도 토산 출신의 백달원(白達元)은 800여 명의 보부상을 거느리고 군량미를 운반해 주었다. 그가 여진족과의 전투에서 위기에 빠진 이성계를 구해 줬다는 이야기도 전한다. 태조는 그 공을 치하하며 보부상단에게 어물과 소금, 토기와 나무그릇 등에 대한 전매권을 부여해 주었다.[29] 이후 보부상은 주요한 역사적 장면에 여러 차례 등장한다.

임진왜란 때는 행주산성을 지키던 권율 장군에게 양식을 조달해 주었고, 병자호란 때는 청나라의 포위망을 뚫고 남한산성으로 양곡과 무기를 보급했으며 전투에도 참여하여 많은 공헌을 했다. 홍경래(洪景來)의 난 때는 의주 접장으로 있던 허항(許沆)이 부상 1000여 명을 거느리고 와서 진압에 협력했으며 병인양요 때도 군량 운반을 맡았다. 그들은 갑오농민전쟁 때 관군과 일본 연합군에 참여했고, 황국협회가 독립 협회를 분쇄하는 공작을 돕는 등 보수적인 성향을 띠기도 했다.[30]

19세기 중반부터는 국가에 세금을 납부하기도 했다. 상부상조 정신으로 똘똘 뭉친 보부상은 어려움을 당하면 서로 도왔고, 성실히 일하되 같은 소속임을 잊지 않도록 노력했다. 객지에서 병이 들어 고생하거나 객사한 보부상을 보면 일면식이 없어도 돕거나 땅에 묻어 주었다. 특히 조직을 위협하고 상도덕을 어지럽히는 행위를 엄금하여 규칙을 위반하면 곤장을 맞고 벌금을 내야 했다. 사건마다 적게는 곤장 열 대에서 최대 쉰 대를 맞았는데, 본방 어른을 속이면 마흔 대,

부모에게 불효하거나 형제와 다투면 쉰 대의 가장 엄한 처분을 받았다. 혼인이나 장례에 내는 부조의 품목과 수량도 따로 정해져 있을 정도로 계산이 정확했다. 이러한 내용은 보부상이 만든 절목(節目) 등에 정리되어 있다.[31]

마음이 통하는 사람을 만났다가 헤어질 때는 저고리를 바꿔 입는 풍습이 있었다. 이 때문에 보부상들은 자기 몸에 맞는 옷을 입은 이가 거의 없었다고 한다. 1894년경 전국의 보부상 수는 25만 명 정도로 추산되었다. 이후 길이 잘 닦이고 유통이 발달하면서 보부상은 점점 사라져 갔다. 이들이 남긴 상부상조의 유산과 모여서 조직되면 강해진다는 가르침은 지금도 시사하는 바 크다. (김)

도시를 움직이는 나무꾼

아침에는 골짜기 울리도록 나무 베고   朝行丁丁聲滿谷

해 지면 도끼 메고 노래하며 돌아오네   日暮荷斧長歌歸

잔가지는 밥 짓는 땔감으로 제공하고   小枝作薪供炊爨

큰 가지는 잘게 썰어 숯으로 만드네   大柯亂斫燒作炭

돈 생겨 술 마시면 추위도 두렵지 않아   得錢沽酒不怕寒

나무 아래 취해 자면 부르는 사람 없네   醉眠林下無人喚

— 성현, 「나무꾼 아이의 노래」

사람이 거주하는 곳은 취사와 난방을 위한 연료가 필요하다. 옛날
에는 나무뿐이었다. 그래서 나무꾼이 필요하다. 나무꾼은 삼국 시대

부터 존재했던 오래된 직업이다. 『고려도경』에 따르면 고려 시대에는 전업 나무꾼이 없고 어린이나 젊은이가 틈나는 대로 도성 밖의 산으로 가서 나무를 해 왔다고 한다. 하지만 삼국 시대에도 있었던 나무꾼이 고려 시대라고 없었을 리 없다.

조선 시대에는 도성과 그 주변 10리(4킬로미터)까지 벌목을 금지했다. 나무를 하려면 도성에서 멀리 떨어진 곳으로 가야 했다. 새벽에 출발해서 저녁에 돌아오니 생업이 따로 있는 사람은 할 수가 없다. 도성 사람들은 나무를 시장에서 사다 쓸 수밖에 없었다. 덕택에 나무꾼은 일찌감치 직업으로 자리 잡았다.

도성 근처가 아니라고 아무 데서나 나무를 할 수 있는 건 아니다. 곳곳이 국유림이다. 왕릉의 나무라도 베었다가는 사형이다. 나무꾼 출입을 감시하는 것은 관리의 주요 임무였다. 사대부의 선산은 양반과 노비가 직접 순찰을 돌았다. 충남 덕산의 선비 조극선(趙克善)은 선산을 오르내리다가 나무꾼을 발견하면 도끼를 빼앗곤 했다. 나무꾼은 갈수록 깊은 산속으로 내몰렸다.

인적 드문 산속을 드나들어야 하는 만큼 나무꾼은 위험한 직업이었다. 가장 흔히 마주치는 위험은 호랑이다. 깊은 산속이 아니라도 호랑이는 얼마든지 있다. 인왕산에 들어간 나무꾼이 호랑이에게 잡아먹히는 일도 벌어졌다.[32] 짐승보다 무서운 것은 사람이다. 나무꾼 아이가 소에 나무를 싣고 팔러 가다가 도적을 만나 소를 빼앗기고 살해당하는 사건도 일어났다. 아이의 시신은 장통교(長通橋) 아래에 놓인 독 안에서 발견되었다. 범인은 끝내 잡히지 않았다.[33] 사람의 발길이 좀처럼 미치지 않는 국경 지대는 숲이 울창했지만 더욱 위험했다. 청나라 사람들이 나무꾼을 납치하여 국경을 넘었다는 빌미로 몸값을 요구하곤 했다.[34]

나무를 함부로 베지 못하니 잔가지를 줍는 수밖에 없다. 그래서 나무꾼이 사용한 도구는 도끼보다는 낫이나 갈퀴였다. 땔감으로 쓴다면 굳이 굵은 나무를 벨 필요는 없다. 베기도 힘들고 무겁기만 하다. 잔가지만 주워도 충분하다. 풀도 땔감으로 쓸 수 있다. 그래서 잔가지를 꺾기 위한 낫과 풀더미를 그러모으는 갈퀴를 선호했다. 허리에 낫을 차고 지게를 짊어진 나무꾼을 묘사한 기록이 많다.

나무꾼은 새벽에 나가서 해 질 녘에 돌아오곤 한다. 일을 빨리 마칠 필요는 없다. 일찍 돌아와 봐야 다른 일을 시킬 테니. 나무를 많이 할 필요도 없다. 어차피 직접 짊어지고 와야 하므로 한 짐 이상은 무리다. 일찌감치 나무 한 짐만 해 놓으면 남는 시간은 자유다. 그렇다 보니 상대적으로 여유가 있었던 모양이다. 대동법으로 유명한 잠곡(潛谷) 김육(金堉)은 나무꾼 출신이다. 그는 젊은 시절 가평 잠곡(지금의 가평군 청평면)에 살았다. 매일 나무를 해서 서울에 내다 팔아 입에 풀칠을 했다. 틈틈이 책을 읽어 과거에 합격했다.[35]

일자무식이던 나무꾼이 심심풀이로 글을 읽다가 깨우치는 경우도 있었다. 가장 유명한 사람은 여춘영 집안의 노비 정봉(鄭鳳)이다. 낮에는 나무를 하고 밤에는 주인이 책 읽는 소리를 듣다가 저절로 글을 깨쳤다. 특히 시를 잘 지어 주인집 자제들을 가르칠 정도였다. 주인이 노비 문서를 불태워 그를 해방시켜 주었다. 명성이 널리 알려져 여기

저기서 그를 초청했다. 하지만 그는 죽을 때까지 나무꾼 노릇을 그만
두지 않았다.

19세기 최고의 시인이었던 자하(紫霞) 신위(申緯)의 이웃집에는 나
무꾼 이 씨가 살았다. 그는 낮이면 산에 들어가 나무를 하고, 밤이면
관솔불을 밝히고 소설을 읽었다. 한번은 신위가 그를 집으로 불러다
소설을 읽게 했는데 어찌나 재미있게 읽었는지 누워서 듣다 보니 어
느새 날이 밝았다.[36]

한양에서 소비되는 땔나무의 양은 엄청났다. 나무꾼이 등에 짊어
지고 오는 정도로는 감당이 되지 않았다. 결국 한강을 통해 배로 실
어 나르는 방법을 고안했다. 대량의 화물을 운반하려면 배가 최고다.
땔나무를 수송하는 선박을 시선(柴船)이라고 한다. 수많은 시선이 한
강을 오르내렸다. 정약용이 어느 날 충주로 가는 뱃길에서 강 가운데
에 우뚝 서 있는 산을 보았다. 그런데 알고 보니 그것은 땔감을 가득
실은 시선이었다.[37]

서울에는 땔나무 시장이 여러 곳 있었다. 용산이 가장 컸고 서강,
마포, 서빙고, 뚝섬, 두모포 등에도 있었다. 모두 한강 근처의 나루다.
지방에서 땔나무를 가득 싣고 올라온 배가 이곳에 하역하면 땔감 장
수들이 한양 각지로 가져가 팔았다. 수요가 많았으므로 경쟁이 치열
했다. 땔감 실은 배가 포구에 도착하면 서로 밀치느라 다치는 사람이
많을 정도였다.[38]

목만중(睦萬中)의 「판초행(販樵行)」에 등장하는 땔감 장수 노인은 새
벽마다 아이종을 데리고 양주(楊州)에 가서 땔나무를 구입한다. 말 등

에 땔나무를 산처럼 싣고 한양으로 돌아와 시장에 내다 판다. 아침에 40리, 저녁에 60리, 도합 100리(40킬로미터)를 걸어 다닌다. 나무를 모두 팔면 돈 100전이 남는다. 그는 이것으로 생계를 꾸렸다.[39]

채제공의 「판시행(販柴行)」은 땔감 장수 아이종의 고충을 노래한 시다. 아이는 캄캄한 새벽에 일어나 말을 끌고 역시 양주까지 가서 땔나무를 사 온다. 한양으로 돌아오면 이미 해가 기운다. 아이도 지치고 말도 지쳤다. 하지만 한양 시장 사람들은 호락호락하지 않다. 아이를 속여 싼값에 땔나무를 넘겨받는다. 아이가 얼마 안 되는 돈을 가지고 집으로 돌아오니 주인은 화를 버럭 내며 돈을 내팽개친다. 아이는 아무 말도 못 하고 눈물을 흘린다.[40] 노비를 시켜 땔나무를 운반, 거래한 증거다.

직접 나무를 해 올 여력은 없지만 그렇다고 사다 쓸 형편도 안 되는 사람들은 노비에게 시켰다. 나무하는 일만 맡는 노비를 초노(樵奴)라고 했다. 초노가 게으름을 피우면 제아무리 주인이라도 밥을 굶는 수밖에 없다. 대개는 어린 노비가 맡았다.

경북 예천의 선비 황용한(黃龍漢)은 나무하는 아이종을 두었다. 눈이 내리던 11월 어느날 아이종이 해가 저물도록 돌아오지 않는다. 땔감이 없으니 밥도 못 짓고 온돌도 덥히지 못한다. 아이종이 나타나자 황용한은 꾸짖었다. 먹여 주고 입혀 주는데 그깟 나무 하나 제대로 못 해 오느냐? 묵묵히 꾸지람을 듣던 아이종이 입을 연다.[41]

제가 주인어른께 의지한 뒤로　　　　　　　　自吾依主翁

고생만 했지 받은 은혜 없지요	有勞無惠被
풍년이 들어 쌀이 흙처럼 흔해도	年登米賤土
나는 항상 쭉정이만 먹었고	我食多糠秕
더구나 솜옷은 화려하지 않아	況又綿不華
내 옷은 겨우 정강이를 덮었지요	吾衣纔掩髀
날마다 산에 올라가 나무하는데	日日上山樵
나무는 먼 산 기슭에 있지요	樵在遠山阯
간신히 작은 어깨에 둘러메니	辛勤擔小肩
어깨가 말라서 멍이 들려 하지요	肩瘦欲生痏
그런데도 꾸짖음 면치 못하니	猶不免訶叱
나는 걱정스러워 죽겠습니다	使我愁欲死
주인이 있어도 이와 같으니	有主誠若此
제가 누구를 믿겠습니까	僕亦何所恃
듣자니 서울의 대갓집에는	聞道京貴家
하인도 고운 비단옷 입고	廝役錦繡美
서쪽 마을 부잣집은	西隣富豪人
일꾼에게 쌀밥과 고기 먹인다네요	食雇粱肉以
이제 이곳을 버리고 떠나리니	逝將棄此去
짚신 한 켤레 준비하겠습니다	準備葛一屣
새는 나무를 가려 앉고	鳥有擇棲者
선비는 자리를 가릴 줄 알지요	士亦知納履

황용한은 후회했다. 내가 가난한 처지를 편안히 여기지 못하여 따뜻하고 배 부르려는 욕심에 아이종을 학대했구나. 아이종 하나 품어 주지 못하는 내가 백성을 구제하는 선비라고 할 수 있겠는가.

이처럼 나무꾼의 삶은 고되었지만 고된 가운데 여유가 있었던 탓인지 나무꾼은 은자의 상징이다. 박세당은 나무꾼이 되어 여생을 마치겠다며 호를 서계초수(西溪樵叟)라고 지었다. 수락산 계곡의 나무꾼 노인이라는 뜻이다.[42] 정약용도 한강의 나무꾼이라는 뜻의 열초(洌樵)라는 호를 쓰곤 했다.

나무꾼 은자의 사례는 이만부(李萬敷)의 「송충의전(宋忠義傳)」에서도 확인할 수 있다.[43] 송충의는 서대문 밖에 살았다. 새벽마다 수십 리 떨어진 산에 가서 나무를 하여 한양 시장에 내다 팔았다. 그는 아침저녁 두 끼를 마련할 돈만 벌면 만족했다. 굳이 제값을 받으려 하지 않고 헐값에 넘겼다. 남은 돈은 거지에게 주었다. 누군가 물었다.

"기왕에 나무꾼이 되었으면 제값을 받고 여유롭게 사는 게 좋지 않은가?"

송충의가 대답했다.

"사람이 할 일을 하지 않고 놀고먹으면 벌레와 같네. 내가 어찌 놀고먹는 게 좋다고 벌레가 되겠는가."

송충의는 나무꾼 노릇을 하며 하루 벌어 하루 먹고살았다. 하루 벌어 이틀 먹을 수도 있었지만 그러지 않았다. 끼니만 해결하면 남는 것은 더 어려운 사람들에게 나누어 주었다. 그는 사람이란 하루도 빠짐없이 일하며 살아야 한다고 믿었다. 놀고먹는 사람은 벌레와 같다

고 경멸했다. 나무꾼이라는 하찮은 직업을 그는 천직으로 여기고 늘
감사하고 만족했다. (장)

1부 일하는 여성들

1 박제가, 『정유각문집(貞蕤閣文集)』 권4, 「관헌 서상수에게 주다(與徐觀軒)」.

2 박제가, 『정유각문집』 권1, 「「풍수정기」 뒤에 쓰다(書風樹亭)」.

3 조수삼, 『추재집(秋齋集)』 권7, 「기이(紀異)」 거꾸로 걷는 여자(倒行女).

4 『인경왕후책례도감의궤』, 「삼방의궤(三房儀軌)」, 「품목질(稟目秩)」.

5 『가례도감의궤』, 「일방의궤(一房儀軌)」, 「공장질(工匠秩)」.

6 『승정원일기』 정조 12년(1788) 10월 8일.

7 『승정원일기』 정조 12년(1788) 10월 11일.

8 『승정원일기』 정조 12년(1788) 10월 8일, 11일.

9 이문건, 『묵재일기(默齋日記)』, 신유(1561) 10월 26일.

10 『중종실록』 36년(1541) 12월 29일.

11 『승정원일기』 정조 12년(1788) 10월 7일.

12 이익, 『성호전집(星湖全集)』 권37, 「답병휴(答秉休)」.

13 이문건, 『묵재일기』, 신유(1561) 10월 30일.

14 이덕무, 『청장관전서(靑莊館全書)』 권20, 「아정유고(雅亭遺稿)」 12, 「김신부부전(金申夫婦傳)」.

15 『세종실록』 22년(1440) 10월 30일.

16 성현, 『용재총화(慵齋叢話)』 권1.

17 『탁지준절(度支準折)』, 규장각 소장.

18 유재건, 『이향견문록』 권3, 「김지부수팽(金地部壽彭)」.

19 박계숙·박취문 저, 우인수 역, 『부북일기(赴北日記)』, 울산박물관, 2012.

20 우인수, 「『부북일기』를 통해 본 17세기 출신군관의 부방 생활」, 《한국사연구》 96집, 1997.

21 『중종실록』 1년(1506) 9월 2일.

22 유희춘, 『미암집(眉巖集)』 권20.

23 정조, 『홍재전서』 권134.

24 『성종실록』 19년(1488) 10월 19일.

25 조귀명, 『동계집(東谿集)』 권5, 「매분구옥랑전(賣粉嫗玉娘傳)」.

26 이행, 『신증동국여지승람』 권3, 「한성부(漢城府)」.

27 《황성신문》, 1901년 7월 8일~9월 9일.

28 『숙종실록』 28년(1702) 7월 12일.

29 이형상, 『병와집(甁窩集)』 권17.

30 이익태, 『지영록(知瀛錄)』.

31 『승정원일기』 숙종 22년(1696) 2월 14일.

32 윤기, 『무명자집(無名子集)』 「시고(詩稿)」 책3, 「성중효경(城中曉景)」.

33 권이진, 『유회당집(有懷堂集)』 권5, 「왜인난출장(倭人闌出狀)」.

34 『물료가치성책(物料價値成册)』, 「채소(菜蔬)」, 일본 동양문고 소장본.

35 최덕중, 『연행록일기(燕行錄日記)』 임진(1592) 12월 22일.

36 유수원, 『우서(迂書)』 권9, 「논한민(論閑民)」.

37 이용휴, 『탄만집(歎歎集)』, 「만채재기(晩菜齋記)」.

2부 극한 직업

1 정조, 『만기요람(萬機要覽)』, 「군정편(軍政篇)」.

2 이긍익, 『연려실기술』 권10, 「명종조고사본말(明宗朝故事本末)」.

3 『승정원일기』 헌종 1년(1835) 3월 16일.

4 저자 미상, 『임술록(壬戌錄)』, 「종산집초(鍾山集抄)」, 「옥령만필초(玉靈漫筆抄)」.

5 『승정원일기』 숙종 2년(1676) 5월 6일.

6 『승정원일기』 숙종 29년(1703) 10월 10일.

7 구수훈, 『이순록(二旬錄)』.

8 『연산군일기』 12년(1506) 8월 1일.

9 『승정원일기』 영조 1년(1725) 5월 13일, 정조 23년 10월 20일.

10 『승정원일기』 영조 즉위년(1724) 10월 2일.

11 강희맹, 『사숙재집(私淑齋集)』 권9, 「뱀 먹는 사람 이야기(啗蛇說)」.

12 정약용, 『여유당전서(與猶堂全書)』 문집 권13, 「촌병혹치서(村病或治序)」.

13 이규경, 『오주연문장전산고』, 「벽사치교변증설(辟蛇治咬辨證說)」.

14 정관해, 『관란재일기(觀瀾齋日記)』 경오년(1930) 3월 18일.

15 『후한서』 권85, 「동이열전(東夷列傳)」, 「고구려(高句驪)」.

16 『세종실록』 19년(1437) 8월 4일.

17 『승정원일기』 인조 15년(1637) 3월 26일.

18 조재삼, 『송남잡지(松南雜識)』.

19 박동량, 『기재잡기(寄齋雜記)』.

20 김간, 『후재집(厚齋集)』 별집 권2, 「수록(隨錄)」.

21 이규경, 『오주연문장전산고』, 「동인선주변증설(東人善走辨證說)」.

22 서긍, 『선화봉사고려도경(宣和奉使高麗圖經)』 권16, 「관부(官府) 약국(藥局)」.

23 이색, 『동문선(東文選)』 권72, 「안동약원기(安東藥院記)」.

24 이유장, 『고산집(孤山集)』 권5, 「약기(藥記)」.

25 홍우원, 『남파집(南坡集)』 권10, 「약계서(藥契序)」.

26 이준, 『창석집(蒼石集)』 권13, 「존애원기(存愛院記)」.

27 유본예, 『한경지략(漢京識略)』. '신농유업'은 의술의 신인 신농씨(神農氏)가 남긴 기술이라는 뜻이고, '만병회춘'은 만병통치와 같다.

28 정약용, 『경세유표』 권1, 「천관이조 전의감(天官吏曹典醫監)」.

29 조수삼, 『추재집』 권7, 「기이(紀異)」, 채약옹(採藥翁).

30 『고려사』권28,「세가(世家)」28, 충렬왕(忠烈王) 정축년(丁丑年).

31 최남선,「조선역사(朝鮮歷史) 급(及) 민속사(民俗史) 상(上)의 호(虎)」.

32 『고종실록』고종 5년(1868) 9월 20일.

33 유몽인,『어우집(於于集)』권5,「호정문(虎穽文)」.

34 이익,『성호사설(星湖僿說)』권4,「만물문(萬物門)」,「마정(馬政)」.

35 이준구,「조선 시대 백정의 전신 양수척(楊水尺), 재인(才人)·화척(禾尺), 달단
(韃靼)」,『조선사연구』9집, 2000.

36 송찬식,「현방고」,『조선 후기 사회경제사의 연구』(일조각, 1997).

37 정약용,『목민심서(牧民心書)』,「호전(戶典)」,「권농(勸農)」.

38 이덕무,『청장관전서(靑莊館全書)』,「서해여언(西海旅言)」.

39 김동진,『조선, 소고기 맛에 빠지다』(위즈덤하우스, 2018).

40 최영성,「일제 시기의 형평운동과 자유주의」,『한철논집』, 2002.

41 홍우재(洪禹載),『동사록(東槎錄)』.

42 박사호(朴思浩),『심전고(心田稿)』,「연계기정(燕薊紀程)」, 1828년 11월 25일
기사.

43 이해응(李海應),『계산기정(薊山紀程)』, 1804년 2월 18일 기사.

44 『정조실록』12년(1788) 7월 14일 기사.

45 유한준(俞漢雋),『자저(自著)』,「삼탄교기(三灘橋記)」.

46 『속대전(續大典)』,「호전(戶典) 잡세(雜稅)」.

47 손진태,「강계 심마니의 습속」,《조선민속》3호, 1940.

48 이학규,『낙하생집(洛下生集)』책2,「삼서(蔘書)」.

49 최현,『인재집(訒齋集)』별집 권1,「관서록(關西錄) 연강열보(沿江列堡)」.

50 『청구야담』, 「김채삼인(金採蔘人)」.

51 『영조실록』 30년(1754) 윤4월 19일.

52 『숙종실록』 29년(1703) 11월 26일.

53 『승정원일기』 영조 즉위년(1724) 10월 15일.

54 이익, 『성호사설』 권6, 「만물문(萬物門)」, 「설마(雪馬)」.

55 이규경, 『오주연문장전산고』, 만물편(萬物篇), 조수류(鳥獸類), 「박호변증설 (搏虎辨證說)」.

56 『비변사등록(備邊司謄錄)』, 고종 3년(1866) 10월 30일.

57 이달충(李達衷), 『제정집(霽亭集)』, 「신돈(辛旽)」.

58 『세종실록』 9년(1427) 9월 1일, "예조에서 매골승을 권려하는 사목을 지어 아 뢰다."

59 『승정원일기』 현종 12년(1671) 10월 4일.

60 김성순, 「시체를 매장했던 승려들: 매골승과 삼매히지리(三昧聖)」, 『불교학연 구』 31집, 2012.

61 박지원, 『연암집』 권8, 「방경각외전(放璚閣外傳)」, 〈광문자전(廣文者傳)〉; 이 덕무, 『청장관전서』 권20, 「아정유고(雅亭遺稿) · 응지각체(應旨各體)」, 「성시 전도(城市全圖)」; 이옥, 『동상기(東床記)』.

62 강희맹, 『속동문선(續東文選)』 권17, 「훈자오설(訓子五說)」.

63 박지원, 『연암집』 권8, 「방경각외전」, 〈예덕선생전〉.

64 『세종실록』 13년(1431) 5월 13일.

65 김상희 · 이경찬, 「조선 시대 금화시책(禁火施策)의 전개 과정에 관한 연구」, 『한국전통조경학회지』 31집, 2013.

66 성현, 『용재총화(慵齋叢話)』.

67 김종혁, 『조선 후기 한강 유역의 교통로와 시장』, 고려대학교대학원 박사학위
   논문, 2001.

68 권혁준, 「인제 「뗏목아리랑」에 투영된 떼꾼의 삶」, 《강원민속학》 20집, 2009.

69 이한길·이승철, 「남한강 영월 지역의 떼꾼에 관한 연구」, 『한국도서연구』 25
   집 2013.

70 「뗏목과 함께했던 떼꾼 홍원도 씨」, 《전원생활》, 2014년 09월호.

3부 예술의 세계

1 김창업, 『노가재연행록(老稼齋燕行錄)』.

2 유본학, 『문암유고(問菴文稿)』, 「증선기자김석신서(贈善棋者金錫信序)」.

3 일연, 『삼국유사(三國遺事)』 권3, 「원종흥법염촉멸신(原宗興法猒髑滅身)」.

4 이인로, 『파한집(破閑集)』 권상(卷上). 「청학동(靑鶴洞)」.

5 송치은, 『약헌집(約軒集)』 권14, 「증영의정원정최공행장(贈領議政猿亭崔公行
   狀)」.

6 『태종실록』 8년(1408) 10월 28일.

7 『세종실록』 16년(1434) 4월 11일.

8 『성종실록』 8년(1477) 11월 4일.

9 도한기, 『관헌집(管軒集)』 권15, 「관후희설(觀猴戲說)」.

10 조수삼, 『추재집』 권7 「기이」, 「농후개자(弄猴丐子)」.

11 퍼시벌 로런스 로웰, 조경철 옮김, 『내 기억 속의 조선, 조선 사람들』, 예담, 2001; 『Chosön The land of the morning calm』(1885).

12 조수삼, 『추재집』 권7 「기이」, 박초료(朴鷦鷯).

13 유재건, 『이향견문록』 권3, 「김중진(金仲眞)」.

14 이덕무, 『청장관전서』 권30, 「사소절(士小節)」 7, 부의(婦儀) 2, 사물(事物).

15 『정조실록』 14년(1790) 8월 10일.

16 조수삼, 『추재집』 권7 「기이」, 전기수(傳奇叟).

17 『요로원야화기(要路院夜話記)』.

18 구수훈, 『이순록(二旬錄)』.

19 유경종, 『해암고(海巖稿)』 권7.

20 『성종실록』 12년(1481) 6월 21일.

21 허봉, 『조천기(朝天記)』, 만력(萬曆) 2년 갑술 8월 6일.

22 유몽인, 『어우야담(於于野談)』.

23 서유영, 『금계필담(錦溪筆談)』 권2.

24 조수삼, 『추재집』 권7 「기이」, 파석인(破石人).

25 전경욱, 『한국전통연희사전』, 민속원, 2014.

26 이긍익(李肯翊), 『연려실기술(燃藜室記述)』, 「정교전고(政敎典故)」, 「승교(僧敎)」.

27 장휘주, 「사당패 관련 명칭에 대한 사적 고찰」, 『공연문화연구』, 2006.

28 『선조실록』 40년(1607) 5월 4일.

29 이옥, 실시학사 고전문학연구회 옮김, 『역주 이옥전집』, 소명출판, 2001.

30 장충덕, 「남사당패의 은어에 대하여」, 『한국어 의미학』, 한국문화사, 2009.

31 송방송, 『한겨레음악대사전』, 2012.

32 윤석우, 「관현맹인(管絃盲人)에 대한 역사적(歷史的) 고찰(考察)」, 단국대학교 특수교육대학원 석사학위논문, 2001.

33 『연산군일기』 9년(1503) 6월 12일.

34 강준흠, 『삼명시집(三溟詩集)』 권7.

35 조수삼, 『추재집』 권7 「기이」 「혜금수」.

4부 기술자들

1 박지원, 『연암집』 권5, 「영대정임묵(映帶亭謄墨)」, 「여동인(與同人)」; 김윤식, 『운양집(雲養集)』 권8, 「전채자설(剪綵者說)」.

2 이황, 『퇴계집』 속집 권2.

3 이익, 『성호사설』 권6, 「만물문(萬物門)」, 「사화(絲花)」.

4 『정조실록』 16년(1792) 3월 14일.

5 이덕무, 『청장관전서』 권30, 사소절(士小節) 6, 부의(婦儀), 「복식(服食)」.

6 황윤석, 『이재난고(頤齋亂藁)』.

7 이규경, 『오주연문장전산고(五洲衍文長箋散稿)』 권5, 경사편(經史編), 「사사육국변증설(四司六局辨證說)」.

8 박지원, 『연암집(燕巖集)』 권2, 「백자증정부인박씨묘지명(伯姊贈貞夫人朴氏墓誌銘)」.

9 『연산군일기(燕山君日記)』 10년(1504) 1월 14일.

10 조수삼,『추재집』권7「기이」, 마경벽자(磨鏡躄者).

11 김일환,『조선 초기 군기감의 무기제조연구』, 홍익대학교 박사학위논문, 2000.

12 김세현,「조선 시대 궁장(弓匠)과 활 제작기술 연구」, 한서대학교 석사학위논문, 2016.

13 김동철,「조선 후기 수우각무역(水牛角貿易)과 궁각계공인(弓角契貢人)」,『한국민족문화』4집, 1991.

14 『경국대전』,「공전(工典)·공장(工匠)」.

15 『승정원일기』인조 11년(1633) 6월 11일.

16 박은숙,「분원 사기장의 존재 양상과 개항 후 변화」,『한국근현대사연구』67집, 한국근현대사학회, 2013.

17 『만기요람』,「재용편(財用編)」4, 호조각장사례(戶曹各掌事例).

18 성현,『용재총화』권10.

19 『성종실록』8년(1477) 윤2월 13일.

20 이의현,『도곡집(陶谷集)』권30,「경자연행잡지(庚子燕行雜識)」.

21 이익,『성호사설』권4,「비색자기(秘色磁器)」.

22 김정희,『완당전집』권4,「여심동암(與沈桐庵)」.

23 허균,『성소부부고(惺所覆瓿藁)』권24,「성옹소지록(惺翁識小錄)」.

24 『광해군일기』14년(1622) 11월 9일.

25 『승정원일기』경종 3년(1723) 10월 16일.

26 『승정원일기』정조 10년(1786) 1월 5일.

27 『승정원일기』숙종 4년(1678) 10월 5일.

28 『선조실록』28년(1595) 4월 23일.

29 이익,『성호사설』권8,「제필법(製筆法)」.

30 강세황,『표암고(豹菴稿)』권5,「필(筆)」.

31 손계영,「17세기 사대부가의 종이 사용과 공급 -조극선의 일기를 중심으로」,
『장서각』38집, 2017.

32 김상호,『조선의 각수 연구』, 대구대학교출판부, 2013.

33 신상목 외 옮김,『문집 판각의 기록 간역시일기(刊役時日記)』, 한국국학진흥
원, 2015.

34 『승정원일기』인조 13년(1635) 4월 24일.

35 김삼기,『조선 후기 제지 수공업 연구』, 중앙대학교 박사학위논문, 2003.

36 김삼기,「조선 전기 종이 공납제 연구」,『역사민속학』15, 2002.

37 홍선이,「17~18세기 초 조선의 대청(對淸) 세폐(歲幣)·방물(方物) 규모와 조
달 방식」, 고려대학교 대학원 석사학위논문, 2011.

38 이승철,『우리가 정말 알아야 할 우리 한지』, 현암사, 2002.

39 김육,『잠곡선생필담(潛谷先生筆譚)』.

40 이규경,『오주연문장전산고』, 인사편(人事篇),「자명종변증설(自鳴鐘辨證設)」.

41 김려,『단량패사(丹良稗史)』,「이안민전(李安民傳)」.

42 이규상,『병세재언록(幷世才彦錄)』,「방기록(方伎錄)」, 최천약(崔天若).

43 황윤석,『이재난고(頤齋亂藁)』권1,「자명종(自鳴鐘)」.

5부 불법과 합법 사이

1 홍대용,『담헌서(湛軒書)』외집 권9.

2 『승정원일기』영조 27년(1751) 7월 29일; 영조 35년(1759) 5월 26일.

3 『세종실록』6년(1424) 1월 24일.

4 『선조실록』6년(1573) 4월 20일.

5 성대중,『청성잡기』권3.

6 성대중,『청성잡기』권3.

7 『정조실록』1년(1777) 1월 29일.

8 『연산군일기』10년(1504) 5월 6일.

9 조수삼,『추재집』권7,「기이」.

10 『성종실록』22년(1491) 3월 29일.

11 『성종실록』10년(1479) 1월 21일.

12 한국학중앙연구원,『한국민족문화대백과사전』,〈시변〉·〈개성상인〉.

13 전성호,「개성 시변제도 연구–개성상인 회계장부 신용 거래 분석(1887~
1900)」,『대동문화연구』75집, 2001.

14 전성호,『세계가 놀란 개성회계의 비밀』, 한국경제신문, 2018.

15 宋準東,「開城の時邊」,『殖銀調査月報』14집, 1939.

16 실시학사고전문학연구회,『완역 이옥전집』, 휴머니스트, 2009.

17 『승정원일기』숙종 37년(1711) 4월 14일.

18 『승정원일기』영조 23년(1747) 4월 9일, 영조 28년(1752) 3월 19일.

19 『승정원일기』영조 28년(1752) 6월 11일.

20 『속대전(續大典)』, 「호전(戶典)」, 「잡세(雜稅)」.

21 조수삼, 안대회 옮김, 『추재기이』, 한겨레출판, 2011.

22 『광해군일기』 12년(1620) 7월 8일.

23 정조, 『홍재전서』 권52.

24 『세종실록』 27년(1445) 11월 19일.

25 『숙종실록』 21년(1695) 10월 23일.

26 『승정원일기』 경종 4년(1724) 4월 5일.

27 『숙종실록』 26년(1700) 1월 22일.

28 『승정원일기』 인조 16년(1638) 3월 28일.

29 『영조실록』 52년(1776) 2월 8일.

30 『인조실록』 26년(1648) 4월 3일.

31 장지연, 『일사유사』, 회동서관, 1922.

6부 조선의 전문직

1 성해응, 『연경재전집』 권10, 「사설(師說)」.

2 오희상, 『노주집(老洲集)』 권17, 「이거이공묘지명(頤居李公墓誌銘)」.

3 채지홍, 『봉암집(鳳巖集)』 권13, 「동정기(東征記)」.

4 신열도, 『여헌집(旅軒集)』 속집 권9, 「배문록(拜門錄)」.

5 『송사(宋史)』 권487, 「고려열전(高麗列傳)」.

6 사채백(謝采伯), 『밀재필기(密齋筆記)』 권4.

7 『만기요람(萬機要覽)』「재용편(財用編)」5,「세폐(歲幣)」.

8 『황조예기도식(皇朝禮器圖式)』권18.

9 『성종실록』24년(1493) 10월 15일.

10 『만기요람』「재용편」1,「각공(各貢)」.

11 이문건,『묵재일기』5책, 임자 1월 1일.

12 안정복,『순암집(順菴集)』권13,「상헌수필(橡軒隨筆)」.

13 박지원,『연암집』권16,「과농소초(課農小抄)」.

14 『승정원일기』정조 5년(1781) 12월 28일.

15 『승정원일기』영조 51년(1775) 3월 24일.

16 김낙행,『구사당집(九思堂集)』권8,「직석설(織席說)」.

17 홍정하,『구일집(九一集)』권9,「잡록(雜錄)」.

18 헨드릭 하멜, 김태진 옮김,『하멜 표류기: 낯선 조선 땅에서 보낸 13년 20일
   의 기록』, 서해문집, 2003;『Verhaal van het vergaan van het jacht De
   Sperwer』, 1668.

19 스기하라 기타오,『数とロマンス: 数学随筆』, 誠文堂新光社, 1941.

20 이유원,『임하필기(林下筆記)』,「춘명일사(春明逸史)」.

21 진재교,「18~19세기 동아시아와 지식, 정보의 메신저, 역관」,『한국한문학연
   구』47집, 2011.

22 안정복,『동사강목(東史綱目)』도하(圖下),「관직연혁도(官職沿革圖)」.

23 정약용,『목민심서』「이전(吏典)」6조, 6조「고공(考功)」.

24 『영조실록』9년(1733) 3월 26일.

25 심노숭,『자저실기(自著實紀)』,「문견잡기(聞見雜記)」.

26 허균, 『성소부부고』 권18.

27 이익, 『성호사설』 권11, 「과장역서(科場易書)」.

28 정약용, 『목민심서』 「호전(戶典)」 6조, 4조 「호적(戶籍)」.

29 『문경군신북면화지리치사여인황씨안(聞慶郡身北面花枝里致死女人黃氏案)』;
김호, 『100년 전 살인사건』, 휴머니스트, 2018.

30 『선조실록』 9년(1576) 6월 26일.

31 정약용, 『목민심서』, 형전육조(刑典六條), 「청송(聽訟)」.

32 『중종실록』 20년(1525) 11월 13일.

33 『훈국등록(訓局謄錄)』 3책, 1652년 11월 1일.

34 채제공, 『번암집』 권37, 「제겸인장덕량문(祭傔人張德良文)」.

35 유재건, 『이향견문록』 권3, 「노동지(盧同知)」.

36 정약용, 『목민심서』 권1, 「부임(赴任)」, 「치장(治裝)」.

37 조태억, 『겸재집(謙齋集)』 권41, 「증금시추서(贈金時秋序)」.

38 유재건, 『이향견문록』 권3, 「홍동석(洪東錫)」.

39 이행, 『신증동국여지승람(新增東國輿地勝覽)』 권23, 경상도 동래현.

40 유재건, 『이향견문록』 권3, 「노동지(盧同知)」.

41 성현, 『용재총화(慵齋叢話)』 권5.

42 이수광, 『지봉유설(芝峯類說)』 권16, 언어부(言語部), 「잡설(雜說)」.

43 『인조실록』 1년(1623) 윤10월 27일.

44 조수삼, 『추재집』 권7 「기이」, 유운태(劉雲台).

45 성대중, 『청성잡기(靑城雜記)』 권3. 「성언(醒言)」.

46 신광수, 『석북집(石北集)』 권2, 「증봉산일자유운태(贈鳳山日者劉雲泰)」.

47 이규경, 『오주연문장전산고』 권20, 「명통사변증설(明通寺辨證設)」.

48 전호태, 「고구려의 매사냥」, 『역사와경계』, 부산경남사학회, 2014.

49 『세종실록』 19년(1437) 2월 10일.

50 『승정원일기』 숙종 28년(1702) 10월 5일.

51 이조년, 『응골방(鷹鶻方)』.

52 강재항, 『입재유고(立齋遺稿)』 권16, 「양응자설(養鷹者說)」.

7부 사농공'상'

1 유수원, 『우서(迂書)』 권8.

2 『영조실록』 29년(1753) 7월 5일.

3 박지원, 『연암집』 권8, 「마장전(馬駔傳)」, 「광문자전(廣文者傳)」, 「방경각외전(放璚閣外傳)」.

4 신택권, 『저암만고(樗庵漫稿)』 권5, 「성시전도시(城市全圖詩)」.

5 심노숭, 『자저실기』, 「문견잡기(聞見雜記)」.

6 《동아일보》 1922년 1월 2일 2면 4단.

7 「경성명물집(京城名物集)」, 《별건곤》 23호, 1929년 9월 27일, 100~105쪽.

8 『예종실록』, 즉위년(1468) 11월 26일.

9 『신보수교집록(新補受教輯錄)』 「병전(兵典)」 「경관직(京官職) 총융청(摠戎廳)」.

10 『명종실록』 6년(1551) 2월 24일.

11 『일성록(日省錄)』, 정조 20년(1796) 9월 10일.

12 『고종실록』 43년(1906) 12월 29일.

13 황현, 『매천야록(梅泉野錄)』 권6.

14 《대한매일신보》 광무 11년(1907) 4월 6일.

15 모리스 쿠랑, 이희재 역, 『한국서지』, 일조각, 1994; 『Bibliographie coréenne』, 1890.

16 岡倉由三郞, 「朝鮮の文學」, 『哲學雜誌』 8. 1893.

17 채제공, 『번암집(樊巖集)』 권33, 「여사서서(女四書序)」.

18 이덕무, 『청장관전서(靑莊館全書)』 권30, 사소절(士小節) 7, 부의(婦儀) 2, 「사물(事物)」.

19 유만주, 『흠영(欽英)』.

20 강명관, 『조선 시대 책과 지식의 역사』, 천년의 상상, 2014.

21 김지연, 「흠영에 나타난 유만주의 독서생활과 서지학적 성과」, 한국학대학원 석사학위논문, 2008.

22 이민희, 『책쾌 송신용』, 역사의아침, 2011.

23 정약용, 『목민심서』 권10, 「형전(刑典)」, 「휼수(恤囚)」.

24 심노숭, 『남천일록(南遷日錄)』 6, 임술(1802) 7월 1일.

25 이건창, 『명미당집(明美堂集)』 권19, 「유수묘지명(兪叟墓誌銘)」.

26 변상철, 『봉서일기(鳳棲日記)』, 계유년(1873) 7월 15일.

27 심노숭, 『남천일록』 2, 신유(1801) 5월 6일.

28 정관해, 『관란재일기(觀瀾齋日記)』 경신(1920) 12월 14일.

29 『한국민족문화대백과사전』, 「백달원」 항목.

30 안홍태, 「19세기 후반 보부상단의 조직화와 정치 활동」, 강원대학교 교육대학

원 석사학위논문, 2004.

31 조영호, 「조선 후기 보부상의 사회 복지적 성격과 기능에 관한 연구」, 동국대학
교 석사학위논문, 2003.

32 『인조실록』 4년(1626) 12월 17일.

33 『현종실록』 9년(1668) 2월 3일.

34 『승정원일기』 영조 9년(1733) 10월 28일.

35 이이명, 『소재집(疎齋集)』 권12, 「만록(漫錄)」.

36 신위, 『경수당전고(警修堂全藁)』 책15, 「이초부(李樵夫)」.

37 정약용, 『다산시문집』 권7.

38 김윤식, 『운양집(雲養集)』 권13, 「가중구문(家中舊聞)」.

39 목만중, 『여와집(餘窩集)』 권4, 「판초행(販樵行)」.

40 채제공, 『번암집』 권15, 「판시행(販柴行)」.

41 황용한, 『정와집(貞窩集)』 권1, 「힐초노(詰樵奴)」.

42 박세당, 『서계집』 권14, 「서계초수묘표(西溪樵叟墓表)」.

43 이만부, 『식산집(息山集)』 권20, 「송충의전(宋忠義傳)」.

조선
잡사

'사농' 말고 '공상'으로 보는
조선 시대 직업의 모든 것

1판 1쇄 펴냄 2020년 10월 12일
1판 11쇄 펴냄 2023년 5월 29일

지은이 강문종·김동건·장유승·홍현성
발행인 박근섭, 박상준
펴낸곳 (주)민음사

출판등록 1966. 5. 19. 제16-490호

주소 서울특별시 강남구 도산대로1길 62(신사동)
　　　강남출판문화센터 5층 (우편번호 06027)
대표전화 02-515-2000 | 팩시밀리 02-515-2007
홈페이지 www.minumsa.com

ⓒ 강문종·김동건·장유승·홍현성, 2020. Printed in Seoul, Korea

ISBN 978-89-374-1780-1 (03910)